카페에서 만난 장자

카페에서 만난 장자

왕방웅 지음 | 권용중 옮김

BM 성안당

서문

《노자 〈도덕경〉의 현대적 해석》이 출판된 후 필자는 그중 세 개의 장(章)을 다시 썼다. 먼저 새로 쓴 부분은 제73장 '과감하게 하는 것에 용감하면 자신을 죽이고, 과감하지 못한 것을 고집하면 산다.' 이다. 물론 초판도 가독성에 문제가 있거나 어색하지는 않다. 하지만 '성인은 그것을 어렵게 여긴다(聖人猶難之).' 부분에서 구체적으로 무엇을 어떻게 어렵게 여기는지에 대한 적절한 해석이 부족했다. 그 점이 무척 아쉬웠고, 이 때문에 필자의 마음이 오랫동안 짓눌려 있었다. 그 후 민룽강당(敏隆講堂, 1995년 설립된 중국 전통서원 풍(風)의 인문학 아카데미로, 문학, 역사, 철학, 예술 등 네 개 인문학 분야의 강연을 실시하고 있다.)에서 진행하는 강의를 통해 오랜 마음의 짐이었던 의혹을 풀 기회가 생겼다. 강의는 현장 진행 방식이었는데, 오리무중이던 내용을 탐색하고 돌파구를 모색하는 과정에서 갑자기 합리적인 설명이 떠올랐다. 그래서 집에 돌아와 두어 시간 동안 스스로에게 묻고 답하며 씨름한 끝에 마침내 결론에 도달할 수 있었다.

두 번째로 새로 쓴 부분은 제10장 '백성의 마음을 하나로 묶고 그 것이 서로 떨어지지 않게 할 수 있는가(載營魄抱 能無離乎)'이다. 이 장을 여섯 개의 독립된 문장으로 재조정했고 마지막 문장이 '생이불유(生而不有)'에서 시작하여 '현덕(玄德)'으로 끝나도록 만들었다. 초판에는 각 문장이 푸런(輔仁)대학 철학과의 커리큘럼에 따라 구분되어 있었다. 그 당시에는 윤색을 거친 후 가독성에 문제가 없다고 판단했다. 아마도 출판 시한에 쫓긴 탓이었을 것이다. 하지만 나중에 실제 수업 시간에 읽어보니 한숨이 절로 나왔다. 구조는 산만하고 글은 너무 평이해서 《도덕경》 원문의 문체와 어울리지 않았다. 너무 구어적이고 긴 문장도 눈에 거슬렸기 때문에 결국 다시 쓰기로 결심했다. 그 결과 오히려 책 전체에서 해석이 가장 잘 된 장(章)이 되었다. 원래는 제33장이 가장 창의력이 돋보이는 장이라고 자평했는데, 이제는 새로 고쳐 쓴 제10장의 후순위로 밀리게 되었다.

마지막으로 고쳐 쓴 부분은 제19장 '성스러움을 끊고 지혜를 버려라. 백성의 이익이 백배가 된다(絕聖棄智 民利百倍).' 부분이다. 문제가 생긴 구절은 '절교기리(絕巧棄利, 무위(無爲)에 의한 치도(治道)를 실천한다.-역자 주)'다. 필자는 유교를 직접적으로 비판한 두 문장 '절성기지(絕聖棄智)'와 '절인기의(絕仁棄義, 마음의 집착에 사로잡힌 자아를 끊는다.-역자 주)'의 어투와 서로 비슷하게 해석했고, 심지어 세 문장 모두 비슷한 어투로 처리했다. 너무 중요한 이 문장들의 어투를 그렇게 설정할 근거는 사실 없었다. 그래서 '절성기지(絶聖棄智)'를 '절성(絶聖)'과 '기지(棄智)'의 두 부분으로 나누고, '절성' 뒤에는 '절인기의'를 넣고, '기지' 뒤에는 '절교기리'가 이어지도록 바꿨다.

그 결과 이 세 문장은 제각각인 듯 보이지만 실제로는 마치 한 덩어리처럼 긴밀하게 연결되었다. 필자는 새 판을 찍을 때마다 이 세 장(章)을 매번 새로 썼고 그만큼 출판사에 많이 미안했다. 그래서 편집부에 이번이 마지막이고 두 번 다시 고치지 않겠다고 약속하기도 했다.

《장자》 '내편'의 7편과 '외편'의 '추수편', '잡편'의 '천하편'에 대한 현대적 해석》과 달리 《노자 〈도덕경〉의 현대적 해석》의 가장 큰 특징은 장(章) 순서에 따라 배열하지 않았다는 점이다. 노자의 《도덕경》은 총 81장인데, 필자는 원전에서 13개 장을 선별한 뒤 그에 대한 느낌을 칼럼의 전문란(欄)에 썼다. 이 책은 제1편 제1장 제1절부터 시작해서 한 절씩, 한 장씩, 한 편씩 순차적으로 해설을 써 나갔다. 그리고 어느 한 부분이 다른 부분에 비해 더 실용적이거나 통찰력이 돋보인다고 해서 그 부분만을 집중적으로 해설하지는 않았다. 따라서 각 절끼리, 각 장끼리 상호 호응하는 묘미가 있다. 또한 이 책을 집필하면서 필자가 예전에 쓴 학술논문이나 철학 관련 산문(散文)을 참고하지 않았다. 가령 《장자의 도(莊子道)》, 《장자의 소요유의 길을 걷다(走在莊子逍遙遊的路上)》, 《유가와 도가 사이(儒道之間)》, 《중국철학논집(中國哲學論集)》, 《삶의 실리와 마음의 허용(生命的實理與心靈的虛用)》 등이다. 과거의 저작물을 참고하면 강단에서 강연하는 분위기를 연출할 수 없고, 지적 성장의 결과를 제대로 담아낼 수 없다고 판단했기 때문이다. 따라서 비록 서재에서 이 책을 썼지만 마치 강단에서 청중을 앞에 두고 강연하는 듯한 현장감을 담았고, 생동감 넘치는 필치로 깊고 넓은 경전의 구절을 해설했으며, 현장 강연 때의 번득이는 영감과 창의력도 오롯이 담아낼 수 있었다.

《〈장자〉 '내편'의 7편과, '외편'의 '추수편', '잡편'의 '천하편'에 대한 현대적 해석》이 출간된 지 어언 2년이 넘었다. 오탈자 몇 개를 수정한 것 외에 큰 틀의 내용은 바꾸지 않았다. 유일하게 발견한 부분은 '대종사편'의 세 번째 큰 단락으로, '선악을 모두 잊고 도에 들어가다(善惡兩忘的化身入道)'라는 제목 부분이다. 원문은 '여기예요이 비걸야 불여양망이화기도(與其譽堯而非桀也 不如兩忘而化其道)'이다. 요(堯)는 성군이고 걸(桀) 임금은 폭군이다. 성군은 선(善)이고 폭군은 악(惡)이다. 따라서 둘을 모두 잊는다(兩忘)는 것은 당연히 선악을 가리킨다. '화기도(化其道)'의 '화(化)'는 자아를 없애버리는 수양을 가리킨다. 위아래 문맥을 살펴보면 없애버리는 대상은 당연히 '선악이라는 집착과 분별'이어야 하며, '화기신(化其身)'의 수련을 통해 입도(入道)의 경지를 증명할 수 있다. 장자의 이론으로 《장자》의 문구를 해석하는 이른바 '이장해장(以莊解莊)'을 적용해 보면, '화신(化身)'은

'좌망(坐忘)' 수련에서 형체를 떠나고 마음의 인지작용을 버린다는 '이형거지(離形去知)'를 말하고, '입도'는 '좌망'의 경지에서 큰 도와 일체된다는 '동어대통(同於大通)'을 가리킨다.

문제는 안회가 '좌망'을 이야기하는 부분이 끝에서 두 번째 단락에 나오는데, 뒷부분으로 설명하면 좀 어색하다는 점이었다. 그래서 '선악을 모두 잊어 일체의 분별이 없는 경지에 들어갔음을 입증하다(善惡兩忘而證入一體無別之境).'로 바꾸는 편이 좀 더 적절하다고 판단했다. 요(堯) 임금을 내세우지 않으면 요 임금처럼 되고 싶었으나 결국 폭군 걸 임금이 되고 만 비극을 적절히 설명할 수 없었다. 성군인 요 임금이 되고 싶어 하는 것은 마음의 집착이고, 폭군인 걸 임금으로 전락하는 것은 인위적인 행위에 의한 부정적 결과이다.

장자 해설은 노자 해설을 쓸 때보다 훨씬 더 집중하고 심혈을 기울였다. 《도덕경》은 5천여 자에 불과하므로 해설할 때 정확함과 간결함을 추구했다. 또한 역대 해설서를 참고하는 대신 직접 원전(原典)의 구조를 살피면서 해석했는데, 그 결과 좀 더 읽기 편한 글이 되었다. 장자 해설서를 집필할 당시, 박사과정 학생 하나가 학위논문을 쓰고 있었기 때문에 많이 신경이 쓰였다. 그래서 핵심적이고 난해한 부분을 만나면 다양한 학자들의 해석을 인용하고 그들의 차이점을 비교한 후 원전의 의미를 따져서 결론을 내렸다. 필자도 기존 학자들의 해석과 마찬가지로 명확하고 엄밀함을 추구했지만, 독자 입장에서는 기존 학자의 해석 때문에 다소 혼란스러울 수도 있다. 그 결과 지난 2년 동안 겨우 2쇄밖에 찍지 못했고 판매량도 노자 해설서에 훨씬 못 미쳤다.

사실 《장자》는 우언의 성격이 강하고 문학성이 짙기 때문에 독자들에게 사랑받는다. 혹시 필자의 이 책 때문에 사람들에게 《장자》가 더 어렵게 느껴질까 봐 두렵다. 편집진들의 검토 결과, 노자 해설서의 경우 앞선 《노자 12강》이 쉬운 참고서 역할을 해 주지만, 안타깝게도 참고서 역할을 할 만한 쉬운 책이 없는 상태였다. 그래서 몇 차례 강연을 통해 장자에 관해 정리할 수 있는지의 여부를 논의했다. 그 결과 중정기념당(中正紀念堂)에서 '무하유지향에서 나비의 꿈을 꾸다(在無何有之鄕做蝴蝶夢)'라는 제목의 첫 번째 강의를 통해 장자의 우언에 담긴 인생의 철학을 논했다. 두 번째는 대만문학관에서 '장자의 인생 이야기를 읽다.'라는 제목으로, 세 번째는 송산신의학당(松山信義學堂)에서 '인간 세상에서 여유롭게 노닐다(在人間世逍遙遊).'라는 제목으로 강연했다. 첫 번째 강연에서 우언을 해석하며 설명했던 내용을 좀 더 확충했고, 더 완벽하고 현대적 감각에 맞도록 다듬은 후에 이를 이 책의 전반부인 '무하유지향에서 나비의 꿈을 꾸다.' 부분에 포함시켰다. 또한 두 번째와 세 번째 강연의 내용을 합쳐서 마치 하나의 강연처럼 매끄럽게 만들었다. 아마도 두 차례의 강연 시간도 비슷했고, 관심과 생각이 물 흐르듯이 잘 연결되었기 때문인 듯하다. 그리고 이 부분은 이 책의 후반부인 '인간 세상에서 여유롭게 노닐다.'에 실렸다. 이 책의 전반부에는 재미있고 생각을 유도하는 우언을 다루었고, 후반부에는 인간의 존재를 현대적으로 해석했다.

이 책은 《장자》를 좀 더 잘 이해하기 위한 일종의 참고서다. 또한 필자가 강연한 내용을 정리한 것이지만, 사실상 새로 집필했다고 말할 수 있다. 다만 강당에서 청중을 앞에 두고 실제로 강연하는 듯한 분위기가 담겨 있고, 일상의 구어체를 주로 사용했다. 그래서 좀 더 친근감과 호소력이 있다. 이론이나 구조가 크게 난해하거나 복잡하지 않기 때문에 읽고 나면 삶의 의미를 꿰뚫고, 마음속의 부담을 떨쳐내며, 자유롭고 아름다운 삶을 누릴 수 있는 지혜를 얻기에 충분하다.

고전을 현대적으로 해석하고 그 정수(精髓)를 깨닫는 데 이 책이 훌륭한 길잡이 역할을 할 수 있기를 기대한다.

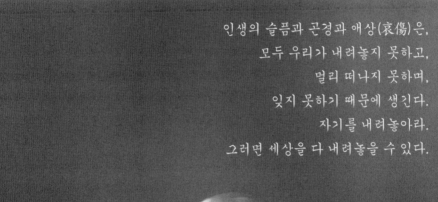

인생의 슬픔과 곤경과 애상(哀傷)은,
모두 우리가 내려놓지 못하고,
멀리 떠나지 못하며,
잊지 못하기 때문에 생긴다.
자기를 내려놓아라.
그러면 세상을 다 내려놓을 수 있다.

Ⅱ. 인간 세상에서 한가로이 노닐다
　　－《장자》를 읽으며 인생을 말하다

I

무하유지향(無何有之鄕)에서 나비가 되는 꿈을 꾸다

– 우언(寓言)에 담긴 철학적 지혜

프롤로그

'샹그릴라'는 우리 모두의
마음속에 있다

아직 노을이 물들지 않은 저녁 무렵, 커다란 나무 그늘 아래 '무하유지향'에 누우면 장자(莊子, B.C. 369?~286?)의 나비 꿈을 꿀 지도 모른다.

'무하유(無何有)'는 '아무것도 없다'라는 뜻이고, '향(鄕)'은 '땅', '장소(鄕土)'를 가리킨다. '무하유지향', '나비가 되는 꿈을 꾼다' 등은 《장자》 제1편 '소요유(逍遙遊)'편에서 유래한 말이다. 마음속에 집착과 분별이 없고, 비교와 득실(得失)이 없으며, 얻지 못하거나 가진 것을 잃을까 봐 걱정하는 마음이 없는 상태를 가리킨다. 마음을 비우면 도가(道家)의 지혜인 '무(無)'를 만날 수 있다. 무심(無心), 무지(無知), 무위(無爲)로부터 시작하여 무용(無用), 무사(無事), 무욕(無慾)을 수양할 시간과 함께 말이다. 이렇게 마음을 완전히 비우는 그 순간의 장소를 '무하유지향'이라고 부른다. 이는 인간이 수천 년 동안 갈망했던 꿈이자, 영원한 동경의 대상인 '도화원(桃花源, 진(晉)대 시인 도연명(陶淵明)의 작품 《도화원기(桃花源記)》에 나오며, 속세를 떠난 이상향을 가리킨다.-역자 주)'이며, 도달해야 할 경지로서의 '세외도원(世外桃源)'이다. 세외도원은 속세를 벗어난 이상향으로, 영원한 안락함을 누릴 수 있는 곳이다.

세외도원은 결코 이 세상 저쪽 끝에 있지 않다. 그러면 샹그릴라는 어디에 있을까? (샹그릴라는 영국의 작가 제임스 힐턴의 소설 《잃어버린 지평선》에 나오는 가상의 장소로, 지상낙원을 가리킨다. 중국 정부는 1997년에 윈난성 중뎬(中甸)이 샹그릴라라고 공식 발표했다.-역자 주) 티베트일까, 아니면 윈난성(雲南省)일까? 필자는 중국 간쑤성(甘肅省) 허시(河西)회랑의 어느 지점일 수도 있고, 대만의 아리산(阿里山)이나 위산(玉山) 국립공원일 수도 있다고 생각한다. 결국 이는 어떤 특정 장소의 문제가 아닌 마음의 문제이다. 지나치게 큰 집착이나 헤어날 수 없는 탐닉이 마음속에서 사라진다면, 우리가 어디에 있든 그곳이 바로 '무하유지향'이고 끝없이 펼쳐진 들판인 '광막지야(廣漠之野)'다. 여기에는 울타리나 담장도 없고, 성곽이나 두 나라의 군대가 서로 대치하는 살벌한 국경도 없다. 이처럼 무하유지향은 이 세계의 어느 특정 지점이 아닌 우리 모두의 마음속에 깃들어 있다.

'나비가 된 꿈'은 《장자》 제2편 '제물론(齊物論)'편의 '장주(莊周)가 꿈에 나비가 되었다.'라는 구절에서 유래하며, 꿈을 통해 물아(物我, 바깥 사물과 나, 객관과 주관, 또는 물질계와 정신계를 가리키는 철학 용어)의 물질적 경계를 초월한 경지를 보여준다. 우리는 우리의 부모일 수도, 우리의 자녀일 수도 있다. 우리는 우리의 남편일 수도, 아내일 수도 있다. 또한 친구나 지인, 같은 반 친구, 직장 동료일 수도 있다. 당신은 타인과 똑같은 느낌을 받을 수 있고, 심지어 당신이 바로 그 타인이어서 그와 감정을 공유할 수도 있다. 당신의 '마음'이 그의 마음과 함께 있고, 당신의 '기(氣)'가 그의 기와 동행하는 것이다. 이렇게 생각하면 근심이나 다툼은 자연스럽게 사라진다. 인간이 겪는 그 수많은 근심과 고통, 애상(哀傷) 등은 우리가 모든 것을 마음속에서 없애지 못하고, 벗어나지 못하며, 잊지 못하기 때문에 생긴다. 자신을 내려놓는 것이 곧 천하를 내려놓는 것이다. 인생의 아름다움은 무하유지향에서 한바탕 나비의 꿈을 꾸는 일이라고 말할 수 있다.

유불도(儒佛道) 삼교에 정통했던 명(明)대 고승(高僧)인 감산대사(憨山大師, 1546~1623)는 "공자(孔子, B.C. 551~479) 뒤에 맹자(孟子, B.C. 371?~289?)가 있었듯이 노자(老子, B.C. 6세기경) 뒤에는 장자가 있었다."라고 말했다. 수천 년 동안 함께 발전해온 중국의 양대 사상인 유가(儒家)와 도가(道家)는 공자와 노자가 각각 창시했다. 하지만 이를 발전시킨 핵심 인물은 맹자와 장자이다. 그들은 모두 천재형(型) 사상가이자, 중국의 수천 년 역사와 문화 발전을 이끈 선구자였다. 맹자와 장자는 동시대 인물이지만, 안타깝게도 직접 만난 적은 없었던 듯하다. 만약 그랬다면 중국 철학사는 새롭게 쓰여졌을지도 모른다.

도가사상은 장자에 이르러 이론의 기틀이 완성되고 더욱 정교해졌지만, 그 내용, 즉 삶을 대하는 자세는 오히려 더욱 개방적이고 역동적으로 바뀌었다. 《장자》는 읽기 어렵다. 그래서 노자의 《도덕경》을 먼저 읽은 후에 다시 읽어야 행간(行間)의 숨은 뜻을 제대로 파악하고 깊은 가르침을 깨달을 수 있다.

　《장자》 제27편 '우언(寓言)'편에는 '우언십구(寓言十九)'라는 말이 나온다. 여기서 '십구(十九)'는 '열에 아홉'이란 뜻으로, 십여 만 자(字)에 이르는 방대한 내용 가운데 우언(寓言)이 대부분을 차지하고 있다. 우언은 다른 사물에 빗대어 교훈이나 의견을 전달하는 말을 뜻하며, '우화(寓話)'라고도 한다.

　이처럼 우언 형식을 통해 깊은 철학적 이치와 가르침을 독자에게 전하고 있다. 우리는 각자의 체험과 지혜로써 우언에 담긴 이치를 깨닫는다. 장자의 우언은 마치 금광과도 같아서 각자 나름의 방식대로 그 '금'을 채굴하면 자신에게 지혜의 원천이 된다. 우언십구의 뒤에 '중언십칠(重言十七)'이란 말이 이어지는데, 이는 '내 책에는 중언이 열에 일곱이다.'라는 뜻이다. '중언'은 공자나 노자의 말을 인용한 것으로, 대부분의 내용이 우언이다. 비율을 따져보면 우언과 중언에는 서로 겹치는 부분이 많다. 우언에는 공자나 그의 제자인 안회(顔回, B.C. 521?~491?), 노자 등이 주인공으로 자주 등장한다. 따라서 중언은 주요 역사적 인물들이 직접 한 말을 뜻한다.

　그 뒤에는 '치언일출(卮言日出)'이라는 말이 나온다. '치언'은 '진솔

한 말'의 의미로, 아무런 속뜻이나 숨김이 없는 말을, '일출'은 '날마다 새로워짐'을 뜻한다. 따라서 치언일출은 우언이든, 중언이든 모두 치언이므로 거짓됨이 없는 말이라는 의미로 해석될 수 있다. 진인(眞人)이 진언(眞言)을 함으로써 진정(眞情)과 진상(眞相)을 드러내는 것이 도가가 추구하는 이상적인 모습이다(진인이란, 수행을 통해 올바른 도를 깨달은 사람을 뜻한다).

이처럼 도가가 추구하는 가치는 '올바름(眞)'이다. 우리가 인생에서 잃어버린 가장 크고 소중한 것은 무엇일까? 아마도 거짓으로 변해버린 우리의 마음인 것이다. 그러므로 '치언일출 화이천예(和以天倪)'는 진언(眞言)과 천도(天道, 우주의 위력, 신비성, 합법칙성 및 그 존재 방식 등을 뜻하는 종교·철학 용어)가 구현하려는 이치의 처음과 끝(端倪)이 성격 면에서 완전히 동일하다는 의미이고, 모든 올바른 말의 존재는 천도가 실행되고 있음을 보여준다. 우리는 그 천도를 다름 아닌 갓난아기의 얼굴에서 찾을 수 있다. 갓난아기의 얼굴을 바라보는 그 순간, 우리는 한 줄기 광명이 비침을 느낀다. 심지어 길거리에서 싸우던 사람들도 다툼을 멈춘다. 알고 보면 우리의 인생은 이처럼 조화롭고 아름다운 마음인 것이다?

이처럼 《장자》는 우언으로 가득하다. 그리고 우언의 주인공은 공자와 노자, 안회와 자공(子貢, B.C. 520?~456?) 등 중국 역사의 중요 인물들로서 장자의 입을 대변하고 있다. 비록 그들의 입을 빌려 이야기하고 있지만, 사실은 장자 본인의 사상을 전달하고 있다. 《장자》 전체의 90%에 달하는 우언 가운데 중요 인물들의 입을 빌려 한 말은 70% 정도이다. 우언 가운데는 중언도 있는데, 우언이든, 중언이든 모두 치언이어서 거짓됨이 없다. 치언은 마치 깔때기를 통해 쏟아지는 물처럼, 천진난만한 어린이의 말(童言)처럼 참된 말이다.

요즘처럼 경제가 발전하지 않았던 과거에는 술을 살 때도 한 병씩, 심지어는 한 항아리씩 사야 했다. 주막에 가서 술을 주문하면 주인이 깔때기를 병이나 항아리 주둥이에 꽂은 채, 큰 술독에서 술을 바가지로 퍼 옮겼다. 깔때기를 통과한 술은 그 즉시 항아리 안으로 쏟아져 들어갔는데, 이것이 바로 '치언일출 화이천예'이다. 유년기의 천진난만함은 마치 깔때기를 통해 항아리 안으로 쏟아져 들어가는 천도의 순진(純眞)함, 즉 순수하고 꾸밈이 없는 모습과도 같다. 오늘 '무하유지향'에 몸을 맡긴 채 나비로 변하는 꿈을 꾸어보는 것도 좋겠다. 마음을 비우면 우리가 어디에 있든 그곳이 바로 '무하유지향'이기 때문이다!

우리 모두의 마음속에
내려놓을 수조차 없는 큰 집착과 거대한 탐닉은
결코 필요하지 않다.
내려놓을 수 있다면 우리가 어디에 있든
그곳이 바로 '무하유지향'이다.

제 1 장
인간이 직면한 존재와 상황의 딜레마
– '재(材)'와 '부재(不材)' 사이에서

'유용(有用)한가', '무용(無用)한가'라는 사회의 이분법적 구분을
초월해라.
그리고 본연의 나 자신으로 되돌아오라.
이것은 우리가 평생을 두고 추구해야 할 것이다.

숲의 나무가 살아남은 이유는? 쓸모가 없었기 때문이다

이 이야기는 《장자》 제20편 '산목(山木)'편에 나온다. 어느 날 제
자들과 함께 숲 속을 거닐던 장자는 산꼭대기에서 아름드리나무 한
그루를 발견했다. 가지와 잎이 보기 드물게 무성한 것이 마치 신목
(神木) 같았다. 때마침 그곳에는 벌목공들이 모여 적당한 나무를 물
색하면서 그 거대한 나무 주위를 맴돌고 있었다. 하지만 다들 쳐다
보기만 할 뿐 그 나무를 자르는 사람은 아무도 없었다.

장자는 매우 궁금해 하며 그 이유를 물었다.

"여보게. 자네들은 좋은 재목감을 구하러 온 사람들 아닌가? 그런데 적당한 나무가 바로 눈앞에 있는데 왜 보고만 있는 것인가?"

벌목공이 대답했다.

"이 나무를 한번 보시지요. 무척이나 크고 굵지요? 그건 이 나무가 쓸모없는 나무라는 뜻입니다. 만약 쓸모가 있었다면 진작 베어졌을 테지요." 이 말을 들은 장자는 옆에 서있는 제자들에게 나무를 가리키며 말했다.

"너희도 이 나무를 한번 보아라. 이 나무가 어떻게 해서 베어지지 않고 지금까지 살아남아 천수(天壽)를 누릴 수 있었겠느냐? 바로 쓸모가 없었기 때문이다."

재목감이 아니기 때문에 이 나무는 무용지물이다. 중국 푸젠성(福建省)의 남부 지방인 민남(閩南) 사람들은 흔히 '사용할 길이 없다(無路用)'라고 이야기하는데, 역시 의미는 비슷하다. 이런 재질의 나무는 그야말로 아무데도 쓸모 없는 잡목이다.

주인집 거위가 도살당한 이유는? 울지 못했기 때문이다

그날 해가 저물 무렵, 일행은 산에서 내려와 장자의 친구 집을 방문했다. 오랜만에 찾아온 장자를 보고 주인은 어린 사내종(童子)에게 거위를 잡아 손님을 대접하라고 시켰다. 사내종이 물었다.

"주인님, 집에 거위가 두 마리입니다. 한 마리는 잘 우는데, 다른 한 마리는 울지 못합니다. 어느 놈을 잡을까요?"

다행히 거위는 사람의 말을 알아듣지 못해서이지 만약 알아들었다면 무척 마음이 상했을 것이다. 자신의 목숨은 주인의 말 한마디에 달려있는데, 정작 자신이 할 수 있는 일은 아무것도 없으니까 말이다.

주인이 대답했다.

"울지 못하는 놈을 잡아라!"

그날 밤, 오랜만에 만난 주인과 장자는 회포를 풀며 즐거운 시간을 보냈을 것이다. 거위고기의 맛은 아주 훌륭했지만, 제자들에게는 식사 자리가 무척 답답했을 지도 모른다. 그 거위가 왜 죽어야 했는지 생각하느라 소화가 제대로 안 되었을 테니 말이다.

다음 날 새벽, 장자 일행은 주인과 작별하고 길을 나섰다. 얼마 지나지 않아 제자들은 너무 궁금하여 장자에게 물었다.

"스승님, 여쭤볼 게 있습니다. 어제는 숲의 나무는 아무짝에도 쓸모가없기 때문에 살아남을 수 있었다고 말씀하셨지요? 그런데 오늘 친구분 댁의 거위는 울지 못한다는 이유로 도살되었습니다. 스승님은 '쓸모없는 것'이 양생(養生)의 길이요, 목숨을 부지하는 길이라고 가르치시지 않았습니까? 그런데 그 거위는 왜 울지 못하는데도 죽어야 했을까요? 그러면 스승님의 말씀은 거짓이 아닙니까? 모두 그 거위의 죽음을 안타까워하고 있습니다. 나무는 쓸모가 없기 때문에 그렇게 크게 자랐는데, 어떻게 거위는 울지 못한다고 죽어야 한다는 말입니까?"

제자들은 곧이어 장자에게 물었다.

"만약 스승님이라면 어떻게 처신하시겠습니까?"

장자가 대답했다.

"만약 나였다면 숲의 나무와 거위의 중간에 처할 것이다."

'유용함'과 '무용함' 사이의 딜레마

숲의 나무와 주인집의 거위, 우리는 둘 중에서 무엇을 선택해야 할까? 장자에게도 이 질문은 어려웠을 것이다. 그래서 "나는 유용함과 무용함의 중간에 처할 것이다."라고 웃으며 대답하지 않았을까?

만약 당신이라면 이런 난관을 어떻게 헤쳐나가겠는가? 상황은 이미 이러지도 저러지도 못하는 딜레마에 빠졌고, 그럼에도 불구하고 어떤 식으로든지 선택을 해야 한다면?《장자》'산목'편에는 '재여부재지간(材與不材之間, '재'와 '재가 아닌 것'의 사이 – 역자 주)'이라는 표현이 나오는데, '재(材, 재목감)'는 유용함을, '부재(不材, 재목감이 아님)'는 무용함을 나타낸다. 유용하다면 쓸모가 없을 수 없고, 무용하다면 쓸모가 없어야 한다.

그런데도 장자는 "나는 '유용함'과 '무용함'의 중간에 처할 것이다."라고 말하고 있다. 이는 그야말로 언어유희이며, 해학(諧謔)을 즐기는 장자의 면모를 잘 보여준다. 장자가 한 말의 진짜 의도는 무엇일까? 먼저 자신이 숲의 나무일 때는 '무용함'의 자세를 보이겠다는 뜻이다. 쓸모가 없어야 목숨을 부지할 수 있기 때문이다. 또 자신이 주인집 거위일 때는 있는 힘껏 울어대겠다는 뜻이다. 만약 울지 못한다면 도살당할 위험이 있기 때문이다.

필자가 이것을 '언어유희'라고 표현한 이유는 장자의 이런 교훈이 실생활에서는 양립 불가능한 '모순'을 일으키기 때문이다. 그래서 장자는 "만약 내가 숲의 나무라면 쓸모가 없도록 하고, 주인집 거위라면 열심히 울어댈 것이다."라는 언어유희 형식으로 제자의 질문에 대답할 수밖에 없었다. 그러면 벌목공에게 베어지지도 않고 주인에게 도살당하지도 않을 수 있다는 의미일 것이다. 하지만 이 말은 여전히 언어유희에 불과하다. 왜냐하면 주인집 거위가 아무리 열심히 울어도 목숨을 보장받을 수 없기 때문이다. 독자 여러분도 한번 생각해 보기 바란다. 만약 그날 새벽, 곤히 자고 있던 주인이 시끄러운 거위의 울음소리에 잠을 깼다면 어떻게 행동했을까? 아마도 그날 저녁에는 정반대의 상황이 벌어졌을지도 모른다. 주인은 울지 못하는 거위 대신 시끄럽게 울어대는 거위를 도살하라고 명령했을 것이다. 따라서 소리 내어 울 줄 아는 거위라고 해서 목숨을 부지할 수 있다는 보장은 없다. 이것이 바로 딜레마이다. 인간은 살아가면서 '울 수 있느냐 없느냐', '쓸모가 있나 없나'와 같은 딜레마에 끊임없이 직면한다.

천도(天道) 본래의 덕으로 돌아와 천지(天地)와 함께 노닐다

'유용함'과 '무용함' 사이에 처하겠다는 것은 모범답안이나 본질적 답안이 아니며, 장자가 제자들의 질문에 궁여지책으로 불쑥 던진 대답일 뿐이다. 제자들의 이의 제기는 난해하면서도 합리적이다. "쓸모가 없어야 목숨을 부지할 수 있다는 스승님의 말씀은 100% 확실한 방법도 아니고 필연적으로 그렇게 된다는 보장도 없습니다."라는 의문을 제기했기 때문이다. 결국 장자는 감추어둔 본심을 실토할 수밖에 없었다.

"인간은 도덕(道德)을 타고 노닐어야 한다."

장자의 이 말에서 도덕이란, 도가에서 말하는 바로 그 도덕이다. 즉, '도(道)'는 천도를, '덕(德)'은 천진(天眞, 하늘이 부여하여 태어날 때부터 갖고 있는 순수한 성품)을 가리킨다. 도는 근원적 관점에서 보면 천도이고, 삶의 관점에서 보면 천진이다. 천도는 만물을 낳고, 만물의 덕 안에 존재한다. 따라서 모든 사람은 '본덕(本德, 하늘이 부여하여 태어날 때부터 갖고 있는 착한 성품-역자 주)'과 천진을 함께 가지고 태어난다. 노자는 자신의 책에 《도덕경(道德經)》이라는 이름을 붙였는데, 이는 천지(天地)와 '함께 존재하고(同在)', '함께 움직이며(同行)', 무하유지향은 다름 아닌 '도덕지향(道德之鄕)'이라는 의미를 담고 있다.

도가의 도덕과 유가의 도덕은 내용 면에서 차이가 있다. 유가에서는 자각(自覺)과 유심(有心)만이 도덕이라고 본 반면, 도가에서는 무심(無心)과 천진만이 도덕이라고 여겼다. 실제로 《논어》 '술이(述

而)'편에는 '도에 뜻을 두고 덕에 의거한다(志於道 據於德)'와 '덕으로써 인도하다(道之以德).'라는 말이 나온다. 이처럼 도덕을 주장한 사람은 노자뿐만이 아니다. 공자의 핵심 사상도 도덕이다. 그는 한걸음 더 나아가 덕으로써 천하의 백성을 이끌어야 한다고 주장했다. 그 뒤에 '인에 의거하다(依於仁)'라는 말이 이어지는데, 덕은 도와 마찬가지로 '인심(仁心)'을 통해 겉으로 드러난다는 뜻이다. 유가의 도덕은 불안(不安)과 불인(不忍)의 인심(仁心), 그리고 애심(愛心)을 근거로 삼는다. 인심이 덕행을 결정하고 이어서 덕행으로부터 인생의 길이 뻗어 나온다. 인생의 길은 덕행에서 나오고 덕행은 인심이 발현되어 나온다. 만약 덕행과 인심이 없으면 덕이 나올 수 없고, 도역시 열리지 않는다.

'인(仁)'은 유심(有心)하므로 구속당하고, '불인(不仁)'은 무심(無心)하므로 자유롭다

노자의 《도덕경》에는 '천지불인(天地不仁)', '성인불인(聖人不仁)'이라는 구절이 나온다. 여기에서 '인(仁)'은 인심(仁心) 또는 애심(愛心)을 뜻하고, '불인(不仁)'은 무심(無心)을 가리킨다. 애심이 있기 때문에 마음에 집착이 생기고 자신을 고귀하게 만들고 싶어 한다는 의미다. 이처럼 사랑(愛)은 우리를 오만하게 만든다. 도가에서는 우리의 마음이 사랑에 집착할 경우 어떤 문제가 생기는지 일찍이 간파했고, 불인과 무심만이 우리 마음속의 집착을 끊을 수 있다고 여겼다. 수많은 사람이 사랑 때문에 고통과 역경을 겪는다. 사랑을 주는 사람은 너무나 신성하고 위대해지는 반면, 사랑을 받는 사람은 마치 자아를 상실한 것처럼 위축되고 왜소해지기 때문이다. 대표적인 사례가 마초적이고 남성우월주의적인 남성과 남자의 관심과 사랑에 의존하는 수동적인 여성이다.

노자와 장자는 '불인'을 통해 '덕'과 '도'를 설명하고 있다. '불인'은 무심으로, 사랑을 향한 집착을 끊고 사랑의 고귀함도 지워버린다. 또한 사랑을 그렇게 신성하거나 위대한 존재로 여기지 않는다. 그래야만 우리가 사랑하는 사람을 존중할 수 있고 평등과 존엄을 실현할 수 있다.

'도덕을 타고 노닐다.'라고 함은 천지자연과 함께 존재하고 함께 움직이는 경지로, 인간 사회의 세속적이고 이해타산적인 관점으로는 결코 평가하거나 도달할 수 없다. 따라서 우리는 속세의 상대적인 옳고 그름, 상대적인 아름다움과 추함, 선과 악, 승리와 패배, 이익과 손해 등을 뛰어넘어야 한다. 장자가 말한 '유용함과 무용함의 사이에 처하겠다'란, 인간 사회에서 통용되는 유용함과 무용함이라는 세속적인 이분법을 초월하여, 천지와 자연이 하나가 되고 함께 나아가는 경지에 도달하자는 의미다. 그래야만 인간의 존재와 상황과 관련되어 만나는 여러 딜레마를 올바르게 해결할 수 있다.

유용함과 무용함이라는 속세의 이분법적 가치 구분에서
벗어나라

반대로 그렇게 하지 않으면 어떤 결과가 생길까? 그 어떤 말을 하든 사람들에게 미움을 받을 수밖에 없다. 가령 이쪽에서 열리는 강연은 훌륭해서 들어볼 만한데, 저쪽 전시회는 별 볼 일 없다고 말한다면? 그러면 당연히 전시회를 담당하는 부서 관계자에게 미운 털이 박힐 것이다. 인간이 살아가는 세상은 이처럼 모든 것이 상대적이다. 저쪽 가게에는 사람들이 길게 줄을 서서 문전성시를 이루고 있지만, 이쪽 가게에는 빈자리가 눈에 띄거나 파리만 날리는 경우가 대표적이다.

이것은 세계 4대 문명처럼 한때를 풍미했다 갑자기 사라진 특별한 현상이 아니다. 우리 인간의 수천 년 역사 속에서 늘 찾아볼 수 있는 현상이다. 사람은 누구나 자기 나름의 입장이 있고, 사회와 사물을 바라보는 관점과 각도도 다르다. 어차피 사람은 상대적인 관계 속에 살아가기 때문에 어느 누구의 관점도 100% 정확할 수는 없다. 따라서 우리는 성패, 영욕, 이해득실과 같은 속세의 상대적이고 이분법적인 가치 구분을 뛰어넘어야 한다. 이것이야말로 '도덕을 타고 노닐다'의 진정한 의미다.

필자는 언젠가 택시를 탔다가 기사와 다음의 대화를 나눈 적이 있다. 기사가 필자에게 물었다.

"국립 대만과학기술대학은 어떻습니까? 괜찮은 곳인가요?"

필자가 대답했다.

"물론 좋지요. 비록 대만(臺灣)대학, 국립 칭화(淸華)대학, 자오퉁(交通)대학보다는 못하지만 그래도 좋은 대학입니다."

그러자 기사가 말했다.

"제 딸아이가 지금 그곳의 대학원에 다닌답니다."

"그래요? 어느 대학원인가요?"

"토목연구소입니다. 사실은 타이난(臺南)의 청궁(成功)대학에도 붙었는데요, 제가 여기 타이베이(臺北)에 있는 대학을 다니는 게 낫지 않겠냐고 설득했지요."

이렇게 우리의 솔직한 대화는 계속되었다. 필자는 이어서 말했다.

"아무렴요. 웬만하면 집에서 가까운 대학에 다니는 게 훨씬 낫지요. 집에서 가까워야 가족들의 든든한 지원도 받을 수 있고, 외롭게 혼자 애쓸 필요도 없지 않겠습니까?"

하지만 필자는 결국 속내를 드러내고야 말았다.

"그렇기는 한데 말입니다. 솔직히 청궁대학이 좀 더 낫긴 하지요. 분위기도 더 개방적이고 전통도 더 오래되었고요."

아마도 필자는 노장사상이 체화되지는 못한 듯하다. 유가의 논리로 대응했으니 말이다. 이 세상의 거의 모든 부모가 그럴 것이다. 자녀의 문제라면 노자나 장자의 가르침보다는 현실적인 유가의 사상을 찾게 되는가 보다.

사회의 인기 분야가 나에게는 비인기 분야가 될 수도 있다

만약 당신이라면 어떤 선택을 하겠는가? 국립 대만과학기술대학인가, 아니면 국립 청궁대학인가? 전자는 북부의 타이베이(臺北)에 있고 후자는 남부의 타이난(臺南)에 있다. 전자는 집에서 가까워 통학이 가능하고 후자는 오랜 전통을 자랑하는 대학이다. 우리는 살아가면서 이처럼 끊임없이 선택의 기로에 선다. 그렇다고 두 대학에 동시에 다닐 수도 없다. 이뿐인가? 인문계를 선택할까, 아니면 이공계나 상경계열을 선택할까? 아니면 법대에 갈까? 하기는 요즘 법학과, 정치외교학과가 매우 '핫'한 학과이기는 하다. 우리 사회의 보편적 인식에 따르면 경영학과는 인기 학과이지만, 인문계는 찬밥 신세를 면치 못하고 있다.

만약 자신의 제자나 자녀가 수험생이라면 당연히 인기 학과에 지원하라고 조언할 것이다. 하지만 요즘 청소년은 좀 달라서 자기 주관이 뚜렷하다. 의대에 갈 수 있는 실력인데도 이를 마다하고 동물학과를 선택하기도 한다. 실제로 어떤 학생은 의대에 갈 수 있는 점수였는데도 국립 타이베이대학 동물학과를 지원했다. 이런 학생들이 적지 않다. 의대는 누가 보더라도 인기 학과이다. 하지만 이 학생들에게는 동물학과, 즉 생명과학이야말로 정말로 인기 분야가 아니었을까?

그러면 왜 이런 선택을 했을까? 부모님의 사고방식을 따랐을까, 아니면 본인의 의지 때문일까? 현재 인기가 있는가를 생각했을까,

아니면 미래의 발전 가능성을 중요하게 생각했을까? 실제로 어떤 학과든지 인기가 영원할 수는 없다. 지금의 인기 학과가 30년 후에는 비인기 학과로 전락할 수 있고, 그 반대의 경우도 흔하다. 즉, 인기의 유무는 결코 필연적이거나 고정 불변하는 것이 아니다. 대만의 신주(新竹)과학기술단지가 벤치마킹했던 미국 샌프란시스코의 실리콘밸리가 가장 대표적인 사례다. 한때 IT산업의 메카였던 그곳은 지금 몰락의 상징이 되고 말았다. 20만 명이나 되는 고급 두뇌가 샌프란시스코를 떠나 로스앤젤레스로 직장을 옮겼는데, 회사의 줄도산과 감원이 주원인으로 지목되고 있다. 한때는 최첨단 기업이었고 그들 앞에는 장밋빛 전망이 가득했던 적도 있었다. 그런 면에서 보면 사회의 보편적인 평가나 인식도 그다지 믿을 만하지 못한 듯하다.

그렇다면 인기 학과와 비인기 학과 중에서 우리는 무엇을 선택해야 할까? 노자와 장자의 가르침에 따르면 사회에서 흔히 말하는 인기, 비인기의 기준에 휩쓸리지 말고 우리 자신의 천진(天眞)과 도덕 지향(道德之鄕)으로 되돌아와야 한다. 그리고 우리의 '도덕을 타고 노닐어야' 한다. 다시 말해서 자기 자신의 감각과 기호(嗜好)로 돌아와 그것에 순응해야 한다.

사회의 비인기 분야가 나에게는 인기 분야가 될 수도 있다

다시 말해서 자신이 정말로 좋아하는 것을 선택해야만 일생 동안 그 분야에 '올인'할 수 있고 큰 성과도 거둘 수 있다. 남들이 아무리 비인기 학과라고 무시해도 나만 진심으로 좋아한다면 그 학과는 언제나 인기 학과가 된다. 따라서 사회에서 흔히 말하는 '유용함'과 '무용함'은 상대적 이분법에서 벗어나 각자 자신의 본래 모습을 회복해야 한다. 그리고 자신의 성향과 재능, 타고난 유전적 특징과 기질 등으로 되돌아와야 한다. 또 지금까지 가졌던 감각과 기호를 꾸준히 유지해야 한다. 그것이 바로 우리가 일생동안 걸어가야 할 길이다.

노자는 사람들이 자신이 원하는 길을 걸어가는 것은 '상도(常道)', 자신이 원하는 삶을 살아가는 것은 '상명(常名)'이라고 불렀다. 자신이 원하는 길과 삶이야말로 우리 모두에게 필요한 올바른 실존적 선택이다. 사회에서 흔히 말하는 유용함과 무용함의 구분에 휩쓸리고, 사회의 유행과 비전을 맹목적으로 따라서는 안 된다. 사회의 유행만 추구한다면 결국 실존의 상실과 가치의 추락만 경험할 뿐이다.

이처럼 우리는 일생을 두고 추구해야 할 길을 스스로 결정하고 자신에게 솔직해져야 한다. 자신에게 책임질 줄 알고 외부 변화에 부화뇌동해서는 안 된다. 만약 인문학이 마음에 든다면 평생 인문학의 길을 걸어가면 되지, 경영학과를 곁눈질하면서 왜 능력이 부족해 출세의 길을 놓쳤는지 자신의 처지를 한탄할 필요는 없다.

사람에게는 누구나 자신만의 분야가 있다. 우리의 머리 위에는 똑같은 하늘이 존재하지만, 각자에게 속한 하늘은 모두 제각각이다. 이것이 바로 '도덕을 타고 노닐다'의 진정한 의미다. 존재의 딜레마에 처한 상황에서 우리는 유용함과 무용함 가운데 무엇을 선택해야 할까? 무용함을 선택해 일신의 안위를 보장받을까, 아니면 유용함을 선택해 살아갈까? 하지만 그 어느 경우도 고정불변이 아니어서 전적으로 신뢰하고 의지하기 어렵다. 또한 이는 상대적인 구분이기 때문에 100% 확실하다는 보장도 없다. 결국 우리는 자신의 성향과 재능으로 되돌아와 자신의 선택에 책임지는 길을 선택할 수밖에 없다. 유가의 표현을 빌리자면 '인(仁)을 만나면 양보하지 않고 행한다(當仁不讓)' 또는 '의(義)라고 여기면 주저하지 않고 행한다(義無反顧)'인 셈이다. 도가의 표현을 빌리자면 '귀근복명(歸根復命)'이다. '귀근'은 천도의 근원으로 되돌아오는 것을, '복명'은 본덕의 천진으로 되돌아오는 것을 말한다. 당신은 자신의 재능과 기백을 중요하게 여기고 싶은가, 아니면 사회의 유행과 인기를 무작정 뒤쫓겠는가? 자신의 뚜렷한 주관 없이 시류만을 쫓는 사람은 결국 자신의 소중한 삶을 잃고 추락하는 비극을 겪을 것이다.

바뀌지 않는 사람은 위태롭지 않다

솔직히 말해서 '인기 있는 것'은 내가 좋아하는 것 그 이상도 이하도 아니다. 또한 자기 나름의 방식을 추구하고, 자신이 원하는 길을 걸어가며, 자신만의 방식대로 살아가는 것이다. 이런 사람이야말로 노자가 묘사한 천도의 실존적 성격, 즉 '홀로 서 있지만 바뀌지 않으며(獨立而不改)', '두루 미치지만 위태롭지 않음(周行而不殆)'을 구현한 인물이다. 자신만의 길을 걸어간다면 우리는 스스로 서게 되므로 '독립(獨立)'이다. 또한 일평생 자신의 길을 추구하면서 초심을 잃지 않으면 본래의 모습이 변하지 않고, 어떤 길을 걷더라도 나는 영원히 변함없는 나 자신이다. 이처럼 홀로 선 사람만이 두루 미칠 수 있고, 초심과 본모습이 바뀌지 않는 사람만이 위태롭지 않다. 그리고 그런 사람만이 삶에서 만나게 되는 수많은 딜레마에서 벗어날 수 있다. 사회에서 흔히 말하는 인기냐, 비인기냐의 문제가 아닌, 자신의 주관과 자신의 길이 가장 중요하고 유일한 기준이다. 이것이 바로 《장자》 '산목'편의 우언이 우리에게 던진 인생의 화두이다.

독자 여러분은 어떤 길을 걷고 싶은가? 우리 사회에는 유용함과 무용함, 인기와 비인기, 비전이 있느냐 없느냐와 같은 이분법적 구분 기준으로 가득하다. 하지만 장자는 사회에서 흔히 말하는 '유용함'의 기준에서 벗어나라고 조언한다. 수험생의 성적제일주의나 직장인의 실적제일주의와 같이 우리는 왜 무슨 '주의(主義, ~ism)'에 계속 집착할까? 이는 '유용함'이라는 잣대가 우리 사회 전반을 지배하고 있기 때문이다. 성적이 뛰어난 학생은 유용한 학생이다. 실적이 높은 직장인은 유용한 직원이다. 그것도 매우 유용하고 뛰어난 직원으로 평가받는다. 만약 이 '유용함'의 기준을 충족하지 못하면 '무용함'으로 분류된다. 물론 이보다 더 심하게 저평가될 수도 있다. 하지만 실제로도 그럴까? 한번 생각해 보자. 모든 사람은 성장 과정이 다르고 각자에게 찾아오는 기회도 다르다. 더구나 타고난 '운명'이나 사회와의 '인연'이라는 요인도 빼놓을 수 없다.

사회의 '작은 유용함(小用)'을 버리고
자신의 '큰 유용함(大用)'을 살리자

우리는 각자 출신 집안과 성장 환경이 다르고, 성향이나 재능도 제각각이다. 그러므로 모든 사람을 똑같은 잣대로 평가할 수 없다. 속세의 통상적인 잣대, 특히 '유용함'이라는 기준으로 자신이 유용한지의 여부를 재단해서는 안 된다. 장자는 '쓸모없음이 크게 쓸모 있음이다(無用之用 是爲大用).'라고 말했다. 이는 사회의 '유용함'이라는 잣대를 버려야 한다는 뜻이다. 사회의 '유용함'이란 기준으로 자신을 재단하고, 구속하며, 스스로에게 굴레를 씌우는 일에서 벗어나는 것이 바로 '무용(無用)'이다. 사회의 '유용함'의 잣대에서 벗어나야만 비로소 각자 자신 안에 감춰진 진정한 '유용함'이 드러난다. 이것이야말로 우리 자신의 '큰 쓰임(大用)'이다.

'무용함'은 '쓸모없음'이 결코 아니다. 단지 사회에서 통용되는 가치 기준을 받아들이는 대신, 각자 자신의 좋은 점으로 되돌아오는 것이다. 그것이 바로 '무용함' 이후에 비로소 발현되는 자신만의 진정한 '유용함'이다. '무용(無用)'에서 '무(無)'는 사회에서 통용되는 유용함의 기준을 '제거하다'라는 의미의 동사(動詞)로 사용되었다. 이 '유용함'을 적용하면 모든 사람은 각자 나름의 유용함을 가진 존재가 되고, 그래야만 비로소 '큰 쓰임'이 된다. 반대로 기존의 '유용함'이라는 기준을 적용하면 극소수만 유용한 사람이고, 나머지 대다수는 쓸모없는 인간이 되고 만다. 이런 유용함은 이른바 '작은 쓰임'이다. '큰 쓰임'에 따르면 사람은 누구나 자신만의 길을 추구하고 자신만의 쓰임새를 갖는다. 길을 잃고 방황하거나 자신만의 역할을 잃지도 않는다. 장자의 '쓸모없음이 크게 쓸모 있음이다.'라는 가르침에서 '쓸모없음(無用)'은 결코 유용함의 잣대로써 사람들을 속박해 죽이지 않는다. 오히려 사람들을 자유롭게 풀어주며 각자 나름의 쓰임새를 추구하라고 조언해서 사람을 살린다. '크다(大)'라는 말을 사용한 이유는 모든 사람이 나름대로 쓸모가 있고, 그 쓸모는 '원래부터 자연스럽게' 각자 자신의 모습에서 나왔기 때문이다.

상도(常道)와 상명(常名)을 따르며 자만심을 내려놓다

 노자는 무위(無爲)를, 장자는 무용(無用)을 말했다. 무위는 노자가 지식인에게 전하는 정치적 지혜로서, 정치 세계에 발을 담그고 치국평천하(治國平天下)의 대업을 수행하되, 반드시 '무심(無心)으로써 행하라(爲)'라는 가르침이다. 한편 무용은 장자가 일반인에게 전하는 삶의 지혜로서, 사회 통념상의 '유용함(用)'이라는 잣대를 버림으로써 자신의 삶을 스스로 구속하지 말라는 가르침이다. 그렇지 않을 경우 우리는 일생동안 끊임없이 자책하고, 성적제일주의와 실적제일주의의 굴레에 빠져 스스로를 쓸모없는 인간으로 치부하게 된다. 하지만 이는 '도라고 부를 수 있고(可道)', '이름을 붙일 수 있는(可名)' 인지(認知) 가능한 구분일 뿐, 결코 상도와 상명을 따르는 길이 아니다. 상도와 상명은 본연의 자신으로 되돌아와서 자신의 길을 걷고, 자신의 방식을 추구하며, 사회 통념적인 성적제일주의와 실적제일주의의 구속에서 벗어나는 것이다. 독자 여러분에게는 도가사상이 매우 소극적인 가르침으로 여겨질 수도 있지만 실제로는 영웅과 호걸의 호방한 기개로 가득하다!

도덕은 천도이고 인덕(人德)이다. 또한 자신의 진실함과 장점을 추구하므로 그야말로 이 세상의 적극적인 가치인 것이다. 타인을 무조건 추종하고, 남이 하는 대로 따르며, 자신의 주관과 줏대를 잃는 것이야말로 소극적인 가치일 것이다.

우리는 유용함과 무용함의 사이에서 올바르게 선택해야 한다. '유용함과 무용함의 사이에 처하겠다.'라는 장자의 대답 속에는 매우 심오한 의미가 담겨있다. 즉, 유용함과 무용함 사이에서 방황하는 듯 보이지만, 실제로는 이 두 가지 잣대를 모두 뛰어넘고 있다. 또한 장자는 '비슷하면서도 비슷하지 않기 때문에 얽매임에서 벗어나지 못한다(似之而非也 故未免乎累).'라고 말했다. 만약 이 두 가지 잣대 사이에 얽매이고 사회 통념적인 기준이나 유행에 부화뇌동한다면 어떻게 될까? 사회는 끊임없이 변하고 시대의 요구도 나날이 달라지는데, 정작 자신은 기존의 것에 휩쓸린 채 자신만의 것을 잃고, 삶은 '바람 앞의 등불' 신세가 되고 말 것이다. 그래서 결국 자신만의 개성이나 스타일, 경쟁력을 상실하고 심지어 자신의 정체성마저 잃어버리게 된다.

유용함과 무용함의 실존적 딜레마 속에서
자신이 원하는 길을 걸어가고
자신만의 방식을 추구해야 한다.
이것이야말로 모든 사람에게 요구되는
바람직한 선택이다.

제2장
집착하는 삶과 끌려가는 삶
– 망량이 경에게 묻다(罔兩問景)

> 인생을 살아가면서 자신의 그림자가 되지 마라.
>
> 그림자의 그림자는 더더욱 되지 마라.
>
> 그 대신 주인 역할을 할 '마음'을 밖으로 내보내라.
>
> 자신의 본덕과 천진으로 돌아오라.
>
> 그래야만 억지로 집착하지도, 수동적으로 끌려가지도 않게 된다.

'그림자의 그림자'는 항상 '그림자'에게 끌려다닌다

이 '망량문경(罔兩問景)' 이야기는 '제물론' 편에 나오는 아주 흥미로운 우언이다. 주인공 이름은 '망량(罔兩)'과 '경(景)'으로, '그림자의 그림자'와 '그림자'의 대화이다. 이 대화는 애니메이션의 소재로 등장할 만큼 재미있는 설정이고 문학성이 뛰어나서 장자의 상상력이 돋보이는 대목이다. '경(景)'은 그림자이고, '망(罔)'은 '모호한 것', '명확히 구분되지 않는 것'을 말한다. 그림자란 원래 모호해서 뚜렷하지 않은 존재다. '량(兩)'은 수학의 '제곱(自乘)'이다. 즉, '그림자가 데리고 다니는 그림자'로, 그림자에 딸린 어둡고 희미한 그늘을 가리킨다. 이처럼 '그림자의 그림자'와 '그림자'가 대화하는 모습은 글로는 쉽게 묘사하기 어렵다. 그만큼 깊은 상상력을 보여주며 거기에 담긴 의미도 깊다. 망량이 경에게 물었다.

"너는 방금 전만 해도 앉아있었는데 왜 갑자기 일어섰니? 또 방금 전에는 걷고 있었는데 왜 또 갑자기 멈춰 섰어? 앉았다 갑자기 일어섰다가, 섰다가 갑자기 움직였다가, 너는 왜 이렇게 줏대 없이 행동하는 거야?"

마치 부모님이 아이를 야단치거나 선생님이 학생들을 혼낼 때 외치는 말 같다. 수업이 시작되었는데도 개구쟁이 아이들이 교실을 이리저리 뛰어다닌다면 선생님은 어떻게 해야 할까? 기껏해야 면학 분위기 조성을 위해 고함을 지르고 아이들에게 문제를 던질 수밖에 없다. 만약 도로였다면 문제는 좀 더 쉬웠을지 모른다. 어차피 도로 교통 법규가 있으니까 경찰관은 호루라기를 불거나 규정을 위반한 차량에 딱지를 떼면 그만이다. 하지만 선생님은 그렇게 할 수 없다. 망량은 앉았다 일어섰다, 왔다갔다, 줏대 없이 행동한다면서 경에게 강력하게 항의했다.

그런 행동 때문에 자신이 피해를 입는다는 불만 때문이었다. 망량은 경의 행동 하나하나에 수동적으로 이끌릴 뿐이다. 경은 멈추거나 일어설 때 아무런 사전 통보가 없다. 경이 걷다가 아무런 예고

없이 갑자기 멈추면 망량도 멈춰야 했다. 경이 의자에 앉아있다 별안간 일어서면 망량도 일어서야 했다. 여기에는 서로에 대한 배려가 담겨있지 않다. 부모는 자녀의 올바른 성장을 위해 그들과 마음의 대화를 나눠야 하며, 결코 사회의 가치관이 투영된 '그림자' 노릇을 해서는 안 된다. 더구나 자녀를 '그림자의 그림자'로 만들어서도 안 된다. 당신은 자녀를 올바르게 훈육하기 위해서라고 강변하겠지만, 그것은 자녀들이 원하는 방식이 아니며, 어디까지나 사랑이라는 미명 하에 자녀를 구속하고 있을 뿐이다. 또한 교사가 사랑이라는 미명 아래 학생들을 구속하는 것도 비슷하다.

맹자는 "(인의예지는) 밖에서 들어와 나를 바꾸는 것이 아니라 본래부터 지니고 있는 것이다(非由外鑠我也 我固有之也)."라고 말했다. 호인(好人)이라면 불안(不安)에서 인심(仁心)이 나온다. 인심이 나타내는 모습이 '각성(覺醒)'이고, 인심이 자유롭게 외치는 것이 '자각(自覺)'이다. 이들은 결코 외부에서 자신을 제약하는 것이 아니라 인심이 스스로 각성한 것이다. 따라서 도덕은 반드시 마음의 자유에서 나온다. 강압에 의한 도덕이란 존재하지 않으며, 이는 거짓된 도덕, 즉 부도덕일 뿐이다. 맹자와 장자는 이 점을 분명히 밝히고 있다.

'그림자'는 자기 뜻대로 할 수 없다

망량의 불만과 항의에 경은 어떻게 대답했을까? 요즘 대도시의 대중교통 체계는 이전보다 크게 개선되었다. 시내의 경우 주행 속도도 시속 30~40km로 제한되어 과속을 엄격히 금지하고 있다. 이전에는 버스 기사들이 난폭운전을 일삼곤 했다. 그래서 기사가 곡예운전에 급정차를 할 때마다 입석 승객들은 이리저리 몸이 쏠리기 일쑤였다. 하루하루가 마치 철봉 연습을 하는 체육수업 같았다. 남자 승객은 그나마 나았지만, 여자 승객은 매우 고생스러웠다. 버스가 급정거라도 하면 사전 통보를 전혀 받지 못했기 때문에 차 안의 모든 승객들이 앞으로 쏠린다. 차 안의 승객들은 마치 '그림자의 그림자'가 되어 이리 밀리고 저리 쏠렸으니 당연히 여기저기서 불만의 목소리가 터져 나올 수밖에 없다.

망량의 불만에 그림자 '경'은 이렇게 대꾸했다.

"나를 원망하지 마. 너는 내가 하고 싶어서 그렇게 했다고 생각하지? 하지만 나도 무언가에 의지해서 이렇게 행동했을 뿐이야."

요즘 대만에서 가장 유행하는 말은 내가 나의 주인이 된다는 뜻의 '당가주주(當家做主)'일 것이다. 어떤 말이나 행동에 대한 주체성이나 자발성을 이처럼 잘 표현하는 말도 없다. 다만 대통령선거 후보자라면 가급적 이 말을 삼가해야 한다. 아무리 좋은 말도 정치인이 입에 올리면 의미가 변질되거나 퇴색되기 때문이다.

'당가주주'에는 인간의 도덕과 양심이 평생 동안 자기 자신의 주인이 된다는 의미가 담겨있다. 그리고 이것이야말로 맹자가 말한 '밖에서 들어와 나를 바꾸는 것이 아니라 본래부터 지니고 있는 것이다.'의 경지다. 나 자신이 주체가 되고, 나 자신이 주인이 되어 도덕에 관한 일을 행해야만 인성(人性)의 가장 장중한 모습이 발현된다. 그런 면에서 모든 사람은 자기 자신의 주인이 되어야 한다. 한국, 대만 등 세계 모든 시민은 각자 자신의 주인이 되어야 한다. 그것이 바로 진정한 인권(人權)이다.

우리는 인권의 이면에서 인문학적 이상(理想)을 논해야 한다. 그리고 인문학적 마인드와 인문학적 소양을 길러야 한다. 선거 당일 투표용지 한 장을 받고 기표소로 향한다고 해서 민주주의와 인권이 실현될까? 인문학적 교화는 수양을 통해 형성된다. 삶의 지혜와 인문학적 소양은 길거리에서 피켓을 들고 구호를 외친다고 저절로 함양되지 않는다. 한 표의 투표권을 행사한다고 해서 그냥 얻어지지도 않는다.

그림자의 주인인 '형체' 또한 주인이 아니다

물론 민주주의와 법치(法治)가 제대로 뿌리내리려면 모든 사람에게 표현의 자유가 허용되어야 한다. 표현의 자유는 사람들이 자유롭게 생각하고, 이를 표현할 환경과 분위기가 조성되어야 가능하다. 다시 말해서 각자 자신의 '마음의 소리'를 거리낌 없이 이야기할 수 있어야 하는데, 이를 위해서는 우리가 인문학적 인식을 갖추고 있어야 한다.

그림자 '경'이 말했다.

"나를 원망하지 마. 나도 다른 것에 의지해서(待) 일어나고, 앉고, 끊임없이 움직이고 있거든. 내가 원해서 그런 게 아니야. 너는 나에게 의지하고 있지? 그런데 나 또한 의지하고 있는 게 있어. 또 너는 내가 마음대로 행동한다고 생각하지? 하지만 전혀 그렇지 않아."

이는 마치 재임대인이 임대인을 비난하는 상황과 비슷하다. 하지만 임대인도 다른 사람의 집을 임차해서 그에게 임대해 주었을 뿐이다.

"네가 나를 비난한다면 나는 도대체 누굴 비난해야 하지? 나도 남에게 의지하고 있기 때문에 그렇게 했을 뿐이라고. 너는 내가 앉았다 갑자기 일어섰다가, 섰다가 갑자기 멈추는 등의 행동이 내 의지대로 통제할 수 있다고 생각하겠지? 그렇지 않아. 나도 사람에 의해 이끌릴 뿐이야. 어차피 같은 신세인데, 우리 둘은 왜 서로 만났을까? 우리 신세는 정말 처량하구나."

경은 한 걸음 더 나아가 자신의 '주인'을 변호했다.

"그리고 내 '주인'도 원망하지 마. 내가 의지하고 있는 그 주인도 또 다른 누군가에게 의지하고 있거든."

그러면 그림자의 주인은 도대체 누굴까? 물론 형체(形體)다. 하지만 형체도 주인은 아니다. 형체는 우리가 흔히 말하는 '형기(形氣, 구체적인 물질체인 '형(形)'과 우주만물을 구성하는 근본 물질인 '기(氣)'를 함께 이르는 말)'와 '물욕(物慾)'이다.

인간의 몸과 생명을 바로 '형체'라고 부른다. 형체가 있어야만 그림자를 데리고 다닐 수 있다. 하지만 지금은 그림자의 그림자가 그림자에게 불만을 터뜨리고 있다. 그림자에게 왜 가만히 있지 않고 계속 왔다 갔다 하는지, 왜 사전 예고도 없이 불쑥 행동하는지 원망하고 있다. 이에 대해 그림자는 자신도 누군가에게 의지하여 이끌리고 있을 뿐 자발적으로 행동하는 게 아니라며, 자신을 원망하지 말라고 대꾸했다. 자신은 사람(형체)의 그림자에 불과하므로 자기 뜻대로 행동할 수 없다고 말이다. 그런데 그림자는 한 걸음 더 나아갔다. 자신이 의지하고 있는 그 '형체'마저도 진정한 주인이 아니며, 그도 다른 누군가에게 의지하면서 제어당하고 있다고 말했다.

피할 수 없다면 용감히 맞서라

인간이란 얼마나 불쌍한가? 자녀는 부모에게 의지하려고 하지만, 부모도 그렇게 의지할만하지 않다. 부모가 도덕을 타고 노닐지 않는다면 말이다. 이 세상에 슬픔이나 고난, 비애를 느끼지 않고 사는 사람은 없다. 따라서 부모나 스승이라고 해서 무조건 신뢰하고 의지할 수는 없다.

요즘 교사들은 왜 믿을 수 없을까? 학생들에게 믿음을 주지 못하기 때문이다. 교사들 본인도 나름의 고충이 있고, 누구에게 의지해야 할지 모른다. 그래서 자신의 스승을 찾아가서 묻는다. 교사보다 교사 스승의 책임이 더 막중해지는 것이다. 필자의 제자 가운데 학교에서 아이들을 가르치고 있는 교사가 있다. 어느 날 그 제자가 나를 찾아와 자신의 학생 하나가 '인생해해(人生海海)'라는 제목으로 작문을 했는데, 자신은 그게 무슨 뜻인지 모르겠다고 말했다. 사실은 필자도 무슨 뜻인지 알 수 없었다. 사전을 찾아보았지만 '인생해해'라는 단어는 없었다. 결국 필자는 그 제자에게 상식적으로 이해해 보라고 조언했다. 우리가 어렸을 때 어머니들은 "인생은 고해(苦海)와 같다.", "인생무상(人生無常)이다.", "인생에는 괴롭지 않은 일이 없다."라고 자주 말씀하셨다.

필자는 제자에게 이렇게 말했다.

"'인생해해'는 결국 '그 사람도 바다이고 너도 바다이다. 서로 고해 속에 빠져 있는데, 누가 누구를 두려워한다는 말인가?'라는 뜻이 아닐까 싶구나. '해(海)' 자에는 광활함과 포용의 의미도 담겨있는 듯하다. 나는 지금 그와 함께 무언가를 하고 있다. 그러니 피하지 말고 포기하지 마라. 두려워하지도 마라. 피할 수 없다면 용감하게 맞서라. 그 사람도 바다이고, 너도 바다이다. 바다와 같은 가슴으로 바다를 포용해라. 하지만 교사는 가급적 학생들에게 이렇게 작문을 지도해서는 안 된다. 뭔가 허풍을 떠는 느낌이 들고 우아함이 부족하니까 말이다."

인생의 '연(然)'과 '불연(不然)'은 '마음'이 결정한다

더구나 형체도 온전히 신뢰할 만한 존재는 아니기 때문에 장자는 한마디를 덧붙였다.

"그런 줄은 어떻게 알고, 또 그렇지 않은 줄은 어떻게 알겠는가? (惡識所以然 惡識所以不然)"

당신은 어떤 사람이 왜 그렇고, 또 왜 그렇지 않은지 그의 형체를 보고 알 수 있는가? '연(然, 우리 본래의 참모습-역자 주)'과 '불연(不然, 영향을 받아 본래와 달라진 왜곡된 모습-역자 주)'은 우리 인생이 어느 방향으로 흘러갈지를 결정한다. 그리고 지금 이 순간 우리의 존재를 결정한다. 하지만 형체는 우리의 '연' 또는 '불연'을 결정할 수 없다.

우언은 여기에서 끝난다. 장자가 던진 이 질문을 제대로 이해하려면 단순한 이론이나 지식이 아닌, 상당히 깊은 인생 경험이 필요하다. 장자는 이에 대해 '형체는 마치 뱀이나 매미가 벗어던진 허물과 같다.'라고 비유했다. 뱀의 허물은 뱀 그 자체가 아니다. 매미의 허물도 마찬가지다. 존재하는 형체이기는 하지만, 스스로 존재를 선택할 수는 없다.

그렇다면 우리의 존재는 누가 결정할까? 금방 정답을 알려줄 것 같지만, 장자는 뜸을 들이며 독자 스스로 깨닫도록 유도했다. 마지막에 가서야 비로소 자신의 '마음'이라는 답을 내놓았다. 사실 '마음'이야말로 우리의 존재를 온전히 책임진다. 도가의 마음은 무심자연(無心自然)이고, 무집착(無執着), 무분별(無分別)의 도심(道心)이다.

또한 마음을 텅 비우고 고요히 있는 상태인 허정(虛靜)의 마음이자, 고요한 마음으로 사물이나 현상을 관찰하고 비추는 관조(觀照)의 마음이다. 여기에서 '관(觀)'은 불교적 색채를 띠고 있다. 물론 중국인들의 정서상 불교가 도교적 색채를 띠고 있다고 해야 적절할 수도 있다. 솔직히 말해서 도가는 중국에서 생겨나 발전한 토종 전통이지만, 불교는 외국에서 전래되었기 때문이다. 별것 아니지만 이 말에는 큰 의미가 들어있다. 도가와 불교라는 두 개의 거대 종교는 '관(觀)'이라는 통찰력 면에서 동일하다.

이제 결론은 분명해졌다. 인생의 길에서 우리는 그 어떤 일이 있어도 자신의 '그림자'가 되어서는 안 된다. '그림자의 그림자'는 더욱 피해야 하고, 인간의 참모습에 눈을 떠야 한다. 도가에서 말하는 '진인(眞人)'은 결코 형체의 수준에 머무르지 않는다. 형체는 스스로 결정하는 주인이 될 수 없고, 또 다른 무언가에 의지하기 때문이다.

현대인은 '망량'이 아니라 '망만(罔萬)' 수준이다

마지막으로 우리 자신의 진정한 주인인 '마음'을 밖으로 내보냄으로써 본덕과 천진을 회복해야 한다. 본덕과 천진은 자신의 '마음'에서 실현되므로 우리는 상대에게 집착하는 삶과 수동적으로 이끌리는 삶에서 벗어나야 한다. 그렇지 않을 경우 타인의 '그림자의 그림자'로 전락하고 만다. '망량'에 그치지 않고 '타인의 그림자'의 1만 제곱미터에 해당하는 '망만(罔萬)' 수준이 될 수도 있다. 자신의 주관 없이 시류만을 따라간다면 끊임없이 추락하고 만다. 이들은 하나같이 우리 자신의 참모습을 잃어버린 그림자에 불과하다. 장자는 우리에게 우리 자신의 참모습으로 되돌아오라고 말한다. 오늘 우리는 자아의 추구와 자아의 성장, 자아의 실현과 자아의 초월을 다루었는데, 이 우언이 담고 있는 속뜻과 일치한다. 그림자의 그림자 같은 삶에서 탈피하고, 혹시라도 타인의 그림자의 그림자 노릇을 하고 있다면 통절한 반성이 필요하다. '망량'의 불만에 대해 '경'은 자신도 주체적으로 행동하지 못하며, 자신이 의지하고 있는 형체도 진짜 주인이 아니라고 대답했다. 진정한 주인은 바로 '마음'이다. 우리는 지금 당장 삶의 주체인 '마음'을 밖으로 나오게 만들어야 한다. '연'과 '불연'은 오직 '마음'만 결정할 수 있다.

인생의 딜레마는 어떻게 해결하고 초월할 수 있을까? 바로 우리의 '마음'이 우리 자신을 데리고 인생의 딜레마를 뛰어넘을 수 있다. 우리는 '유용함'과 '무용함' 사이에 처해야만 비로소 사회의 '그림자의 그림자' 또는 이 시대의 '그림자의 그림자'로 전락하지 않는다. 그림자의 그림자는 세상의 떠돌이여서 결국 '망만'으로 전락할 운명에 처한다. 복잡하고 빠르게 변하는 현대사회에서 우리의 앎(知)에 대한 욕구는 끝이 없고, 마음속에는 돈과 명예와 권력에 대한 집착이 가득하다. 세상에는 없는 것이 없고 우리의 욕심도 끝이 없다.

우리가 원하는 것은 다른 사람들도 똑같이 원한다. 그래서 인간 사회에는 끊임없는 고통과 혼란이 발생하고, 인간의 존재가 끊임없이 위협받으면서 가치가 상실되고 있다. 따라서 우리는 장자의 이 우언을 통해 그림자의 그림자 상황에서 벗어나야 한다. 나아가 자신이 진정한 주인이 되는 주체적인 삶을 추구하고 자신만의 인생을 영위해야 한다.

자신의 참모습으로 되돌아와라.
'마음'이 우리의 주인이 되도록 해라.
그래야만 삶의 역경과 딜레마에서 벗어날 수 있고
시대의 흐름에 무작정 따라가는
'그림자의 그림자'로 전락하지 않는다.

제3장

나와 세상 만물(人我), 서로 마음이 통하다

– 호량지변(濠梁之辯)

마음속의 모든 것을 내려놓아라. 그러면 모든 것을 볼 수 있지만,
그렇지 않으면 아무것도 보이지 않는다.
마음속이 텅 비면 이 세상은 끝없이 탁 트이고 광활해진다!
어디를 가든 느낌이 좋아진다. 지금 이 순간도 그렇고,
언제 어디서든지 그럴 것이다.

장자는 호수의 물고기를 보며 물고기가 즐겁다고 말했다

인생을 돌아보면 우리는 관계의 집착 때문에 함께 추락하는 경우
가 매우 많다. 가령 사랑 또는 우정을 지나치게 갈구하여 결국 공멸
의 비운을 겪는 사람들이 적지 않다. 함께 쇼핑하거나 나이트클럽
에 갈 때 도의(道義)로써 친구가 되고 서로 도와 인덕(仁德)을 수양하
는 사람은 아마 아무도 없을 것이다. 이런 질문을 던져보자. 상호
관계를 유지하면서 동시에 진심으로 의기투합할 수 있을까? 만약

우리 각자의 '마음'이 밖으로 나와서 주인이 된다면 나의 마음과 상대방의 마음이 진정으로 하나가 될 수 있다. 그러면 '형체', '그림자', '그림자의 그림자'를 벗어던지고 진심을 드러내며 진인(眞人)이 될 수 있다. 또한 바로 이 시점에서 나의 마음과 친구의 마음이 직접 대면한다.

나와 세상 만물이 서로 마음을 통한다는 '호량지변' 이야기는 《장자》 제17편 '추수(秋水)'편에 나온다. 대만의 고등학교 국어교과서에도 이 이야기가 수록되어 있다. 어느 날 장자는 친구 혜시(惠施)와 함께 호수 위의 돌다리(濠梁)를 걷고 있었다. 중국의 '로미오와 줄리엣'이라고 부르는 민간설화 '양산백(梁山伯)과 축영대(祝英臺) 이야기'의 주 무대인 서호(西湖)의 장교(長橋)를 떠올려도 좋다. 장자가 도가의 대표 사상가라면 혜시는 명가(名家)의 대표 인물이다. 명가는 중국의 제자백가(諸子百家) 중 하나로, 주로 논리를 통해 명(名)과 실(實)의 문제를 논했던 철학 사상이다. 장자는 호수의 물고기가 '한가롭게(從容) 헤엄치는' 모습을 보았다. '한가롭게'는 자유롭고(自在), 스스로 느끼는(自得) 실존적 상태이다. 장자는 여기에 한마디를 덧붙였다.

"이것이 물고기의 즐거움이라네(是魚樂也)."

물고기의 한가로운 모습을 보면서 장자가 외친 이 말은 사실 인생에 대한 그의 관점이 담겨있다. 호수라고 하는 작은 세상 속에서 저렇게 자유롭고 한가롭게 헤엄칠 수 있다니 물고기는 얼마나 즐거울까! 이는 마음속에서 우러나온 진심어린 찬사이자 감탄이었다! 장자는 물고기에 대해 이야기했지만, 그 말은 동시에 자기 자신의 삶을 표현한 생생한 증언이기도 했다. 실제로 우리는 지금 이 순간 반드시 '즐거운' 상태여야만 물고기가 '즐겁다'라고 말할 수 있다. 만약 우리의 삶이 고통과 비애, 스트레스로 가득하다면 결코 물고기의 즐거움을 느낄 수 없다. 즐거움이라는 존재 의식도 결코 우리의 마음에서 우러날 수 없다. 이처럼 우리의 인생관은 삶의 방향을 지배하고 결정한다.

혜시가 물었다. "자네는 물고기가 아닌데 물고기가 즐거운지 어떻게 아는가?"

마음속에서 모든 것을 내려놓아라. 그래야만 모든 것을 볼 수 있고, 그렇지 않으면 아무것도 볼 수 없다. 장자의 친구 혜시는 명가(名家)의 대표 인물이다. 명가에서는 논리를 통해 명(名, 이름)과 실(實, 실제)의 문제를 논했는데, 사물의 속성(物性)이 같거나 다름은 모두 상대적일 뿐이라고 주장했다. 혜시는 '합동이(合同異, 사물 사이에는 차별성이 있지만, 동시에 동일성도 있다는 이론-역자 주)' 이론을 통해 사물의 성질이 같을 수는 있지만, 개념만큼은 분명히 구분해야 한다고 주장했다.

장자는 존재를 감지하는 능력이 이처럼 탁월했다. 그리고 그 얼마나 감동적인 장면인가! 아마도 그런 장면은 더 이상 없을지도 모른다. 이는 마치 찰나(刹那) 속의 영원(永遠)과도 같았고 인간 세상의 아름다움이 온전히 구현되는 순간이기도 했다. 그런데도 혜시는 무뚝뚝한 살풍경(殺風景)을 연출했다. 두 사람은 서로를 잘 알고 토론을 즐기는 친구였지만, 성향만큼은 무척 달랐던 듯하다. 한 명은 명가였고 또 한 명은 도가였다. 혜시는 즉시 명가의 입장에서 장자의 말에 대꾸했다.

"자네는 물고기가 아닌데, 어떻게 물고기가 즐겁다는 것을 아는가?"

즐거움은 마음속의 감각이며 주관적인 느낌이다. 그러므로 물고기의 즐거움은 물고기만 알 수 있기 때문에 물고기가 아닌 장자는 결코 물고기가 즐거운지 알 수 없다고 판단한 것이다.

아름다운 장면을 눈앞에 두고도 두 친구는 견해와 관점의 차이 때문에 흥을 깨는 대화를 이어갔다. 그 순간 장자는 혜시의 도발적인 발언에 '욱' 하고 말았다. 이는 두 사람 사이의 감정적인 '밀고 당기기'이다. 장자와 같은 대철학자도 친구의 도발에 흔들릴 수 있다. 마치 '네가 이렇게 나온다 이거지? 그러면 나라고 가만히 있을 줄 알아?'라는 투였다. "그러면 자네는 내가 아닌데 내가 물고기의 즐거움을 안다는 것을 어떻게 아는가?"

너도 내가 아니니 너 또한 내가 무엇을 알고 무엇을 모르는지를 알 수 없는데, 도대체 무슨 근거로 그런 결론을 내렸느냐는 뜻이었다. 이는 두 명의 사상가가 펼치는 치열한 '밀고 당기기'의 격돌이었다. 마치 날카로운 창과 칼이 부딪치듯 조금의 양보도 없는 설전이 펼쳐졌다. 혜시는 명가의 지존답게 반박을 이어갔다.

"자네는 물고기가 아닌데 물고기가 즐거울 수 있는지를 어떻게 아는가? 자네는 그저 근거 없이 상상했을 뿐이네. 자네의 느낌을 다른 사람에게 덧씌우는 것은 학술적인 의문이라기보다 차라리 언어유희에 불과하네."

장자가 대답했다. "자네도 내가 아닌데 내가 물고기의 즐거움을 모르는지 어떻게 아는가?"

공격을 받은 장자도 지지 않고 반격을 가했다. 마치 초(楚)나라의 장사꾼이 자기의 창과 방패가 제일 강하다고 주장하자, 구경꾼이 "자네의 창으로 자네의 방패를 찔러보게."라고 공격했듯이, 상대방의 빈틈을 집요하게 파고들었다.

"자네도 내가 아닌데 내가 물고기의 즐거움을 모르는지 어떻게 아는가?"

이렇게 해서 두 사람은 무승부가 된 듯했다. 마치 "네가 날 공격했지? 그러면 나도 공격할 수 있다고!"라는 듯이 말이다.

장자가 자기 본연의 입장을 벗어난 말을 꺼내자 혜시는 그 기회를 놓치지 않고 즉시 맞받아쳤다.

"맞네. 나는 자네가 아니야. 당연히 자네가 물고기의 즐거움을 알고 있는지 모른다네. 하지만 자네는 어차피 물고기가 아니지 않은가? 그러니 자네가 방금 전에 물고기의 즐거움에 관해 한 말은 결코 성립할 수 없는 헛소리에 불과하네."

이로써 두 사람의 설전은 끝났다. 만약 두 사람의 활약을 놓고 시상식을 거행한다면? 필자는 당연히 혜시가 1등이고 장자는 2등이라고 생각한다. 왜 그럴까?

가장 큰 이유는 장자가 무의식중에 또 다른 혜시가 되어, 전체 논쟁이 마치 두 명의 혜시가 대화하는 형국이 되었기 때문이다. 장자는 자기 자신을 잃어버리고 혜시의 논리로 혜시에게 반박하려고 했다. 장자는 자신의 관점으로 대화를 진행시키는 대신 혜시가 미리 쳐놓은 함정에 빠지고 말았다. 친구 사이의 진지한 논쟁은 이따금 이웃끼리의 유치한 말다툼과 비슷한 면이 있다. 상대방의 말을 그대로 받아서 상대를 공격하거나 매도하면 절대 안 된다. 그러면 자기 본연의 모습을 잃어버리고 만다. 따라서 어디까지나 논리와 이치로 논쟁하고 냉정을 유지해야 한다. '네가 말싸움을 걸어오는데 나라고 못 할 것 같아?' 식으로 대응하면 결국 지고 만다. '나랑 싸우자고? 팔을 걷어붙이겠다고? 아니 나라고 가만히 있을 줄 알아?'라는 식의 대응을 보이는 순간 당신은 상대방의 함정에 빠진다. 그러므로 군자(君子)는 소인(小人)과 말다툼을 하면 이겨도 지는 것이다. 군자라면 자기 본연의 입장을 견지하고 언제까지나 덕행과 교양,

품위를 지켜야 한다. 상대방의 말이나 행동에 자극을 받아 '욱' 하는 순간 자신의 품격과 격조를 상실하고 만다.

우리의 실존(實存)으로 되돌아오다.
나는 여기에서 물고기의 즐거움을 구현했다.

다행히 장자는 곧 처음으로 되돌아와서 다음과 같이 말했다.

"원래 하던 이야기로 되돌아가세(請循其本)."

장자는 더 이상 혜시의 논리에 휘말리면 곤란하다는 점을 깨닫고 '물고기가 즐겁다'라는 실존의 문제로 되돌아왔다. '근본(本)'이란, 세상 만물 본연의 실존을 말하며, 그 실존으로 되돌아가 다시 논하자는 제안이었다.

"나 장자는 바로 여기에 서 있고, 온 세상은 바로 이 작은 모퉁이에 집약되어 있네. 시간도 멈추었고 나는 이곳에 서서 물고기가 '한가롭고 자유롭게' 헤엄치고 있는 모습을 바라보고 있다네. 지금 이 순간 '물고기는 즐겁구나.'란 나 자신이 진실로 느끼는 실존적인 느낌이라네. 어느 누구도 그것을 의심할 수 없고, 나 또한 이 세상의 어느 누구에게 이를 증명할 필요를 느끼지 못하네. 내가 즐겁고 물고기도 즐겁지. 이는 이론으로 해석할 필요가 없는 실존의 느낌이라네."

시인이나 화가가 세상 사람들에게 증명해야 할 필요가 있을까?

그저 자신의 느낌을 글로 표현하고 그림으로 그려내면 그뿐이다. 시인은 자신의 시상을 표현하고, 화가는 자신의 미적 감각과 영감을 그림으로 나타낸다. 장자가 말했다.

"자네는 나에게 어떻게 물고기의 즐거움을 아느냐고 물었지? 그것은 자네가 이미 내가 알고 있다는 사실을 알고 있다는 뜻이네. 자네는 내가 자네의 말을 알아들었다는 사실을 미리 알았기 때문에 그런 식으로 질문한 거야. 그렇지 않았다면 자네가 한 말은 모두 다 헛소리일 뿐이야! 어쨌든 됐네. 사람들끼리도 서로를 이해할 수 있는데 사람과 세상 만물(物我)이 서로 이해하지 못할 이유가 있겠나? 자네는 이미 사람들끼리 서로를 이해할 수 있다고 인정했네. 이는 사람과 사물이 서로를 이해할 수 있다는 점도 인정한 셈이지. 따라서 나는 물고기의 마음을 이해할 수 있네. 물고기도 나의 마음을 이해하고 있을 거야."

모든 것은 이미 여기에 있고 모든 것은 내려놓을 수 있다

"나는 호수 위 다리에서 그것을 알고 있었네(我知之濠上也)."

간단한 내용이다. "나는 여기에서 알고 있었다."라는 이 언급은 실존의 느낌을 그대로 보여준다. 만약 당신이 그 현장에 녹아든다면, 천지와 함께 존재하고 만물과 함께 움직인다면, 사람의 마음과 기운에 도달한 그들의 마음과 감각이 함께 움직일 것이다. 실존의 현장에 녹아들고 우리의 가족과 친구들 속에 녹아들며, 그 작은 점 (點)은 당신의 마음속에 존재한다. 그러니 당신이 어떻게 모를 수가 있겠는가? 당신은 어린 아기의 얼굴에 피어나는 웃음을 바라보면서 그 아기가 지금 즐겁다는 사실을 의심할 수 있는가? 그것은 생명의 환희이지, 감정의 파동이 아니다. 그리고 삶의 아름다운 자유를 보여준다.

'물고기의 즐거움'은 물고기의 존재를 직접적으로 아름답다고 느 낀 결과이다. 물고기는 자신의 삶을 살아간다. 그래서 물고기가 즐 겁다는 것이다! 물고기가 어떤 연회에 참석했다든지, 무슨 오락 프로그램에 참여했다가 1등에 당첨되었기 때문에 '물고기가 즐겁다' 라고 말하는 것이 아니다. 공자가 말한 '즐거움(樂)'도 그런 의미가 아니다. 가령 《논어》'학이(學而)'편에 나오는 '친구가 먼 곳에서 찾아오니 즐겁지 않은가(有朋自遠方來 不亦樂乎!)'처럼, 친구 사이의 정 서적 교감은 삶과 교차하면서 함께 성장해 가는데, 이것이 바로 삶 그 자체의 아름다움이다.

"나는 호숫가에서 그것을 알고 있었다네."라는 말은 자신이 호숫 가라는 존재의 현장에서 직접적으로 삶 그 자체의 자유로움과 아름 다움을 구현했다는 것이지, 그 무슨 이론을 수립했다는 뜻이 아니 다. 또한 세상 사람들에게 그 점을 구구절절 설명하거나 증명할 필 요조차 없다. 나는 단지 존재의 아름다움이 바로 이곳에 있고, 모든 것이 지금 현재에 존재한다는 점을 알고 있다. 따라서 이는 찰나의 영원이고, 온 세상이 바로 그곳에 응축되어 있다.

인생의 길에서 우리들도 장자의 바로 그런 경지에 도달할 수 있다. 우리가 어디에 가든 "즐겁구나!"라고 외칠 수 있다. 장자의 우언이 주는 지혜를 통해 우리는 과거의 모습에서 벗어나 완전히 새롭게 태어날 수 있다. 또한 "향토(鄕土)문화에 관심을 가지면 진정한 즐거움을 느낄 수 있다."라고 말할 수도 있다. 왜냐하면 이해와 교감은 단지 사람들끼리뿐만 아니라 사람과 세상 만물 사이에도 얼마든지 가능하기 때문이다. 유가의 세계에서는 사람과 사람의 교감에만 관심을 두지만, 도가에서는 이를 사람과 만물의 교감으로까지 확대한다. 오늘날 우리 인류는 환경보호와 생태계 보전에 힘쓰고 있는데, 여기에 가장 훌륭한 이론적 근거를 제공한 사상이 다름 아닌 도가사상이다. 사람들끼리 서로를 이해할 수 있듯이 사람과 사물도 교감할 수 있으며, 그 사이에는 형체가 존재한다.

도(道)는 천고(千古)를 관통하고
단(端)은 마음을 통해 전달된다

장자는 수양을 위해서는 우리 자신의 주체인 마음이 형체의 구속에서 벗어나야 한다고 보았다. '너는 물고기가 아니다'와 '너 또한 내가 아니다'는 서로가 단절되어 있음을 표현한다. 즉, 인간과 세상 만물은 각각의 형체를 경계로 서로 단절되어 있다는 인식이 내포되어 있다. 인간의 마음은 허정(虛靜)하기만 하면 움직이기 시작한다. 지난 수천 년 동안 인간의 마음과 느낌은 비슷했다. 우리가 노자의 책을 읽고 장자의 사상을 이해할 수 있는 이유가 무엇일까? 우리는 우리의 마음을 통해 장자의 마음을 이해할 수 있다. 도(道)는 수천 년을 관통할 수 있고, 단(端, 인간의 본성에서 우러나오는 마음씨, 즉 선천적·도덕적 능력을 가리킨다.—역자 주)은 서로의 마음을 통해 면면히 이어질 수 있다. 형체(形)와 기운(氣)은 격리되어 있으므로 수양을 할 때는 형체의 구속에서 벗어나야만 한다.

'제물론'편에는 '지금 나는 나 자신을 잊고 있다(今者 吾喪我).'라는 구절이 나온다. 스승은 자리에 앉아 좌선(坐禪)에 들었고, 그 주위를 호위하고 있는 제자들은 스승이 형체의 구속에서 벗어난 모습을 지켜본다. 이때 발현된 생명의 기상(氣象)이 바로 겉모습이 말라 죽은 나무처럼 보인다는 '형여고목(形如槁木)'의 경지다. 그리고 이를 토대로 마음이 다 타버린 재와 같다는 '심여사회(心如死灰)'의 경지에 이르렀음을 짐작할 수 있다.

이때부터 제자들은 고민하기 시작한다. 이런 식으로 수양을 계속하면 마지막에는 고목이 죽어 재가 되는 '고목사회(枯木死灰)'의 상황이 펼쳐지리라 짐작되었기 때문이다. 과연 스승 밑에서 수양법을 계속 배워야 할까, 말아야 할까? 타버린 재에는 불씨가 전혀 없으므로 마치 모든 것이 소멸된 상황과 같다. 설마 수양을 계속하면 결국 모든 것이 소멸된다는 말인가!

당황한 스승은 제자들의 의심을 풀어주기 위해 황급히 해명에 나선다.

"지금 나는 나 자신을 잊고 있다. 너는 그것을 아느냐?"

이 말에서 '나(吾)'는 마음의 나를, '잊는다(喪)'는 수양법의 용어로 '없애다(解消)'를, '나(我)'는 형체로서의 나를 가리킨다. 결국 이 말은 '마음의 내가 형체로서의 나를 벗어난다.'라는 뜻이다. 그러므로 형체로서의 나는 겉보기에 바짝 마른 나무토막처럼 보인다. 사람과 사물에 생기가 있고 우리의 삶이 밝게 빛나는 이유는 우리 마음이 그 안에 존재하기 때문이다. 마음이 존재하지 않으면 삶의 광채도 사라지고 만다. 형체가 마치 고목 같은 것은 수양 과정에서 나타나는 모습에 불과하다. 마음이 형체의 구속을 벗어나면, 형체는 심장 박동으로 발생하는 생기와 활력이 줄어들기 때문에 겉보기에 마치 바짝 마른 나무토막처럼 보인다. 겉모습이 고목 같이 보인다고 해서 마음도 다 타버린 재와 같은 것은 아니다. 오히려 마음이 허전해지면 온전한 자유를 얻는다. 마음속으로부터 영감과 창의력이 가득한 생기가 무궁무진하게 발산된다. 이것이 바로 도가에서 말하는 허정심(虛靜心)이다. 또한 불교에서 말하는 반야지(般若智)의 관조이기도 하다. 반야지는 계율을 지키고 몸과 마음을 깨끗이 한 사람이 선정을 통해 얻는 최고의 깨달음을 가리킨다. 겉보기에는 '무(無)'나 '허(虛)'처럼 보이지만, 실제로는 무한한 가능성이 그 안에 숨어 있다. 허정심은 일체의 아름다움을 들여다볼 수 있기 때문이다.

나를 없애고 상대방에게 녹아들어라

'지금 나는 나 자신을 잊고 있다. 너는 그것을 아느냐?'라는 구절의 진정한 의미는 다음과 같다. 진정한 주인인 '마음'이 형체의 구속을 벗어던지면 어떤 만물이든지 포용할 수 있고, 만물을 완벽하고 온전하게 비춰낼 수 있다. 반대의 경우라면 인간의 형체는 우리를 가두는 성(城)이 된다. 그리고 인간의 삶은 외로운 성(孤城)이 되어 어느 누구도 들어갈 수 없고 자신도 밖으로 빠져나오지 못한다.

따라서 우리는 인생을 살아가면서 '마음'을 성 안에 가두지 말고 밖으로 내보내 자유를 만끽하게 해 주어야 한다! 그림자의 그림자도 아니고, 그림자도 아니고, 형체도 아닌 마음이 외로운 성으로부터 밖으로 나와야 한다. 우리는 어떻게 '유용함'과 '무용함'의 구분을 초월할 수 있을까? 어떻게 '연(然)'과 '불연(不然)'의 실존적 선택을 할 수 있을까? 우리 인간에게는 바로 이 '마음'이 있기 때문에 가능하다. 이 마음을 통해 장자는 호수 위 돌다리에 서서 "나는 물고기가 즐거워하고 있음을 안다."라고 말할 수 있었다. 한 사람은 "자네는 물고기가 아니네."라고 말했고, 또 한 사람은 "자네는 내가 아니네."라고 말했는데, 이는 모두 형체의 장벽에 단절되고 구속당한 말이다. 우리는 마음을 통해 사람과 사람 사이에, 사람과 세상 만물 사이에 가로놓인 그 모든 경계선과 울타리를, 그 견고한 성곽을 모두 제거할 수 있다. 《장자》 '소요유' 편의 후반부에 등장하는 '무하유지향'과 '광막지야'는 이처럼 마음속에 집착과 분별이 사라진 경지를 잘 표현하고 있다. 마음속이 '무하유'라면 우리가 사는 세상은 무한히 넓고 큰 세상이 된다! 우리가 어디로 가든지 훌륭한 느낌을 받게 된다. 현재만 그런 것이 아니라 언제 어디에서나 그렇고, 존재하는 모든 만물이 그렇다. 어찌 물고기만 즐겁겠는가! 이 세상 모든 사람도, 모든 생명체도 마찬가지로 즐겁다.

제4장
세상의 꼬인 매듭을 풀다
- 포정이 소를 해체하다(庖丁解牛)

세상은 마치 구조가 복잡한 소의 몸과 비슷하다.
이런 복잡한 소의 몸을 해체하는 과정은
마치 인간관계의 오해와 꼬인 매듭을 푸는 과정과 닮았다.
좌절과 고통에서 벗어나는 것은 '도(道)'가 선사하는 처세의 지혜다.

'도축'이 아닌 '해체'다

이 우언은 '양생주(養生主)' 편에 나온다. 어느 날 포정(庖丁, 백정)이 왕 앞에서 소를 잡게 되었다. '포정'은 왕실의 주방을 담당하는 사람으로, '포(庖)'는 주방을, '정(丁)'은 남자를 가리킨다. 그는 주방을 관리하면서 소고기를 조달하는 임무를 맡았는데, 소고기를 조달하려면 먼저 소를 잡아서 '해체(解)'해야 했다. '해체'는 우리가 흔히 쓰는 도살이나 도축을 의미한다. 여기에서도 철학자이자 문학가인 장자의 면모가 고스란히 드러난다. 그는 '소를 도축한다.'라는 말 대신 '소를 해체한다.'라고 표현했다. 포정이 소를 해체하는 과정은 마치 무술을 연마하는 수준의 노력과 위험이 따른다. 문혜군(文惠君) 앞에서 능숙한 손놀림으로 소를 해체하는 과정을 선보인 포정은 그야말로 숨은 고수였다. 소를 해체하는 과정을 선보였다고 했지만, 사실은 군왕에게 천하를 다스리고 국가를 경영하는 길을 가르친 것이다.

《논어》에는 속세를 등지고 깊은 곳에 숨어사는 은자(隱者)에 관한 기록이 있다. '은(隱)'은 칼을 품에 넣어 빛을 감춘다는 뜻이다. 포정은 음악의 장단에 맞추어 춤을 추면서 소의 몸을 하나씩 해체해나갔다. 소는 피도 흘리지 않았고, 구슬픈 비명도 지르지 않았으며, 고통도 느끼지 않았다. 군왕은 감탄사를 연발하면서 외쳤다.

"짐이 오늘에서야 비로소 두 눈을 뜨게 되었다. 사람의 기예(技藝)가 이런 경지에 이를 수도 있구나!"

하지만 포정은 그 말을 듣고 기분이 나빠져서 반박했다.

"신(臣)은 도(道)를 좋아할 뿐입니다. 기예보다 앞서는 것이지요! 신은 평생 '도'를 구현하고자 애써왔지, 기예를 선보이려고 한 적이 없습니다. 왕께서는 신이 엉뚱한 기교를 부린다고 생각하시는지요? 신을 천왕(天王)이나 천후(天后) 수준의 인물이라고 여기십니까?"

물론 그렇다! 여기에서 '천(天)'을 '도법자연(道法自然)'의 천도라고 한다면, 천도를 구현하는 존재는 천왕 또는 천후일 것이다. 진정한 천왕과 천후는 단 한 명뿐이다. 바로 소를 해체하는 과정에서 인생의 이치를 보여준 포정이다. 그는 '소리가 없는 소리'를 내는 천뢰(天籟, 하늘의 자연현상에서 나는 소리-역자 주)를 노래했다. 대만 음악계에서 필자가 유일하게 들은 천뢰는 장후이메이(張惠妹)가 총통부 광장에서 신정을 맞아 국기게양식 때 국가를 불렀을 때였다. 필자는 그 목소리가 너무 좋았다! 각 방송사의 뉴스 프로그램에서 이 영상을 반복해서 방송했기 때문에 그녀는 중국 대륙으로부터 보이콧을 당해야 했다. 그만큼 장후이메이의 목소리는 천뢰의 미성(美聲)이었다. 그녀는 음악을 통해 대만인들의 '도(道)'를 표현했다. 이것이 바로 그녀가 천후(天后)급 가수라는 증거다.

소를 해체하는 과정은 기예가 아닌 도(道)이다

"신은 도를 좋아할 뿐입니다. 기예보다 앞서는 것이지요!"라는 포정의 말에서 '앞선다'라고 함은 '도축을 뛰어넘는 과정'임을 암시한다. 즉, 자신은 도의 이치를 추구하고 있으며, 기예의 수준은 일찌감치 뛰어넘었다고 말하고 있다. 군왕 앞에서 이 정도 수준의 말을 했다는 것을 볼 때 군왕과 신하가 서로를 잘 이해하고 있음을 유추할 수 있다.

포정은 군왕에게 '도'를 논했다. 그러면서 '무위(無爲)'로써 나라를 다스려야지 국가 경영을 무슨 경연장으로 전락시켜서는 안 됨을 보여주었다. 또한 치국평천하(治國平天下)는 어떤 개인이 재능을 선보이는 과정이 아니라 도를 실현하는 과정이다. 치국(治國)의 도는 선거에서 누가 더 많은 표를 끌어모으는지 겨루거나, 심지어 누가 압도적인 승리를 거두는지를 따지는 과정이 아니다. 승리에 도취되면 오히려 반감과 대립을 초래한다. 따라서 우리는 기쁨에 겨워 우쭐해할 때도 상대방의 기분과 감정을 헤아릴 줄 알아야 한다. 조금 덜 자랑하고, 우쭐해하는 말도 가급적 삼가해야 한다. 그렇지 않으면 상대방과 분쟁이 발생하고 사이가 나빠질 수 있기 때문이다.

소의 몸을 해체하는 과정은 국가의 일(國事) 또는 이 세상의 일(天下事)을 조화롭게 잘 처리하는 것에 비유할 수 있다. 그러면 무엇으로 어떻게 조화시켜야 할까? 혹독한 비판이 아닌 '도'를 통해 조화시켜야 한다. 여당과 야당은 겉으로는 화합을 외치지만, 한편에서는 극한 대치를 펼치고, 조금도 양보하지 않으며, 상대방을 이해하려고 하지 않는다. 이런 식으로는 영원히 조화와 화해를 이룰 수 없다. 이처럼 포정이 소를 해체한 과정은 우리의 삶에서 대립과 갈등을 해소하는 과정으로 해석할 수 있다.

칼(刀끼)은 나 자신이고 소의 몸은 이 세상이다

포정이 말했다.

"제가 처음 소를 잡았을 때 보이는 모든 소는 그저 소로만 보였습니다."

이 말은 눈앞에 있는 물체를 바라보았을 때 그것은 소 그 자체로 보였고, '소'라는 짐승이 온전히 그곳에 있었다는 뜻이다. 육중한 소 한 마리는 포정의 앞에 마치 인생의 장애물처럼 서 있었다. 이 소의 몸은 다름 아닌 인간 세상을 상징한다. 우리가 이 세상에 태어나 머물며 사람과 사물과 교류하는 과정에서 인간관계는 얼마나 복잡하고 미묘한가! 그야말로 '앎에는 끝이 없다(知也无涯).'라는 표현이 딱 들어맞을 것이다. 따라서 인간 세상은 마치 구조가 복잡한 소의 몸에 비유할 수 있다. 즉, 구조가 복잡한 소의 몸을 해체하는 과정은 마치 인간관계의 오해와 꼬인 매듭을 풀어나가는 과정과 비슷하다. 또한 이를 통해 즐거운 인생을 영위하고 온갖 역경을 헤쳐 나가면서 좌절과 고통을 극복하는 과정과 비슷하다. 포정이 소의 몸을 해체하듯이 이는 '도'가 우리에게 선사하는 삶의 지혜이다.

포정이 말했다.

"3년이 지나자 소가 온전한 모습 그대로 보이지 않았습니다."

몇 년에 걸쳐 연마하고 나자 눈앞에 보이는 물체는 더 이상 소 그 자체가 아니었다. 그러면 무엇이었을까? 소의 일부분이었을까? 그럴 리는 없다! 3년 후에는 소가 살아있는 한 마리의 소로 보이지 않았다면 어떤 모습으로 눈앞에 나타났을까? 현대 과학지식으로 알기 쉽게 설명하자면 X선으로 투시한 소라든지, 초음파로 스캔한 소라든지, 해부학적으로 바라본 소라든지, 아니면 병원에서 매일 실시하는 검진 등을 거친 소로 보였을지도 모른다. 어쨌든 포정은 소를 바라본 순간, 더 이상 예전처럼 피와 살이 한곳에 모여 있는 물리적인 소로만 여겨지지는 않았다. 그 대신 뼈의 구조가 한눈에 들어왔고, 그 구조는 이전처럼 복잡하게 느껴지지 않았다. 그렇기 때문에 그는 소의 몸을 해체하려면 어디부터 시작해 어떻게 진행해야 하는지 정확히 파악할 수 있었다.

육안이나 마음으로 보지 않고 마음으로 칼을 놀린다

포정이 말했다.

"이제 저는 마음(神)으로 만나지, 더 이상 눈(目)으로 보지 않습니다. 관(官)과 지(知)를 모두 멈추고(止), 마음의 눈을 따라 손을 놀립니다."

그는 19년 동안 소를 잡았는데, 3년이 지난 후부터 16년 동안은 소를 해체하는 '도'가 성숙한 기간이었다. '마음으로 만난다(臣以神遇)'는 나의 마음으로 소를 해체하고, 나의 정신을 통해 소와 만난다는 뜻이다. '눈으로 보지 않는다(不以目視)'는 인간과 소의 만남에서 더 이상 육안(肉眼)이 필요 없다는 뜻이다. 육안으로 소를 바라보면 소의 피와 살이 보일 뿐이지만, 마음의 눈(心眼)으로 소를 바라보면 소의 골격과 뼈마디 사이의 틈새가 보인다. 마치 현대의 추상적 사고와 비슷하다. '관과 지를 멈춘다(官知止).'에서 '관(官)'은 '관각(官

覺'으로 감각기능, 즉 눈으로 물체의 겉모습을 바라보는 행위를 가리킨다. '지(知)'는 '심지(心知)', 즉 마음의 지각(知覺)이나 인지(認知) 활동을 가리키며, 주체와 객체가 서로 대립하며 소의 몸 안으로 들어가지 못함을 뜻한다. '지(止)'는 이와 같은 우리의 감각기능과 마음의 지각활동을 모두 멈춤을 나타낸다. 그 대신 '마음의 눈'으로 보았기 때문에 3년이 지난 후에는 소가 소로 보이지 않았던 것이다. 소를 잡는 기술은 이미 숙달된 데다 소의 신체구조도 점차 익숙해졌으므로, 더 이상 피와 살로 이루어진 물체로서의 소에 얽매일 필요가 없어졌다. 그 대신 마음의 눈으로 소의 골격구조를 생각하기만 하면 칼을 어떻게 놀려야 하는지 알 수 있었고, 소를 해체하는 일은 그만큼 쉬워졌다. '심지'는 마치 지식을 쌓는 일과 같아서 경험이 쌓일수록 그만큼 더 숙달된다.

이처럼 1단계의 감각기관을 통한 관각(官覺)과 2단계의 마음을 통한 심지(心知)가 모두 중단된 상태가 바로 '관각과 심지를 멈추고, 마음의 눈을 따라 손을 놀리는' 경지이다. 그러면 이제부터 마음은 소의 골격 구조와 살결을 따라 직관적으로 움직이면서 앞으로 나아간다.

포정이 소를 해체하는 최고의 경지는 마치 공자가 《논어》에서 말한 '나이 70세에 이르러서는 하고 싶은 대로 해도 법도를 넘기지 않았다(七十而從心所欲 不踰矩).'의 경지와 비슷하다. 우리의 마음이 행동을 완벽하게 제어할 수 있는 경지가 되면, 하고 싶은 일을 거리낌

없이 하더라도 사회법규를 어기지 않는다. 인간의 마음은 천리(天理)여서 천인합일(天人合一)의 경지를 구현했기 때문이다. 이를 통해 장자가 왜 "물고기가 즐겁구나!"라고 말했는지 이해할 수 있다. 그는 마음을 통해 물고기가 하나가 되고 물고기의 마음을 알 수 있었던 것이다. 소 해체 과정의 마지막 단계는 육안의 감각이나 심지에 의존하지 않고, 우리의 마음이 칼의 움직임을 온전히 제어하는 일이다. 칼의 움직임을 제어하고 조종하는 주체는 손이나 생각이 아니라 마음이다. 그러면 있는 듯하지만 아직 없고, 움직이는 듯하지만 움직이지 않으며, 자유자재로 칼을 놀릴 수 있다. 이제 소 해체 과정은 입신(入神)의 경지에 이르고 모든 움직임은 자취를 감추고 만다.

마음으로 만난 소는 보통의 물리적인 소가 아닌 마음속에 그려진 추상적인 소이다. 마치 화가가 그린 풍경이나 전원시인이 묘사한 전원과 같다. 풍경은 화가의 마음속에 그려져 있고, 전원은 시인의 시상을 보여줄 뿐, 실제로 존재하는 모습 그 자체는 아니다. 따라서 '마음으로 소를 만났다.'라는 표현 속의 소는 육안으로 바라본 소 또는 '심지'로 해부한 소가 아니라, 마음을 통해 바라본 소이다. 중국 신유가학파(新儒家學派)의 대가인 쉬푸관(徐復觀, 1903~1982) 선생은 자신의 저서 《중국예술정신》에서 '포정해우'에 대한 분석을 이 책의 주요 논거로 삼고 있다. 그에 따르면 소를 해체하는 일은 단순한 기술이 아닌 도를 구현하는 과정이다.

소 해체의 도는 칼의 얇은 두께에 있다

대만의 유명 여성작가 리앙(李昻)은 자신의 작품 《살부(殺夫)》를 나중에 《해부(解夫)》로 바꾸었다. 이는 아마도 철학과 출신인 그녀가 장자 사상의 영향을 받았기 때문인 듯하다. 주인공 '살부'는 엄청난 고통과 유혈참사를 일으켰고, 그 결과 엄중한 처벌을 받았다. 필자는 그녀의 작품 《해부(解夫)》에서 '해(解)'가 마음속의 응어리를 '해결한다'의 의미라고 가정해 보았다. 이 두 사람 사이에는 생사(生死)와 결렬(決裂)의 문제가 해결되고, 서로의 구속에서 벗어났다. 이는 물아(物我)를 초월한 자유자재의 경지가 아닐까? 이처럼 '해(解)'의 경지는 바로 도가의 생명에 관한 큰 지혜이다. 심지의 집착을 끊으면 우리가 존재하는 시간과 공간은 '무하유지향'과 '광막지야'가 될 수 있다.

포정이 말했다.

"소의 뼈마디에는 틈새가 있고, 칼날은 두께가 없을 정도로 날카롭습니다(彼節者有閒 而刀刃者無厚)."

그 칼은 두께가 거의 없었고, 소의 뼈마디에는 틈새가 있었다. 소의 몸 구조가 아무리 복잡해도 어차피 하나의 구조체이다. 구조체는 골격과 혈맥이 있고 그 사이에는 틈새가 있게 마련이다. 그런데 포정의 칼은 매우 얇아서 아무리 좁고 작은 틈새라도 통과할 수 있었다. 이런 상태에서 소를 해체하므로 살을 자르는 고통도 없고, 피를 흘리지도 않으며, 마치 침이나 뜸처럼 틈새를 정확히 비집고 들어간다. 필자가 처음 침을 맞았을 때 머리에서부터 침을 꽂기 시작했던 기억이 난다. 그 모습을 본 제자들이 깜짝 놀라기도 했다. 대학생이라고 모두 겁이 없고 용감하지는 않다. 다리의 혈도(穴道)에 침을 놓으려는 순간 놀라 도망치기도 했으니까 말이다. 의사가 필자의 3차신경(三叉神經, 뇌신경 중 가장 큰 다섯 번째 뇌신경-역자 주)에 침을 놓자, 제자들이 필자에게 다가와 물었다.

"선생님, 어떻게 태연하게 침에 몸을 맡기세요? 안 무서우세요?"

필자는 이렇게 대답했다.

"나는 수천 년 전통을 믿는다. 중국 의학은 기(氣)의 조화와 조절을 중요시하지 않느냐? '기'는 흐름이고, 경맥과 기혈은 비록 보이지 않지만 중요한 기능과 역할을 한다."

칼은 생명의 자아(自我)이고 자아에는 두께가 없다. 그러니 이 세상이 아무리 복잡해도 '자아'라는 칼은 순리에 따라 아무런 문제없이 세상사의 난제를 해체할 수 있다.

자아를 없애고 공간을 열어라

포정이 말했다.

"공간이 넓어서 칼날을 움직일 때도 여유가 있습니다(恢恢乎 其於 遊刃也 必有餘地矣)."

우리의 예상과는 달리 소의 뼈와 뼈 사이에, 그리고 근육과 근육 사이에는 공간이 그다지 넓지 않다. 하지만 칼이 매우 얇기 때문에 그 사이를 통과할 수 있다. 게다가 포정은 공간이 무한히 넓다고 생각하기 때문에 칼을 자유자재로 놀릴 수 있었고 여유도 있었다. 우리는 이 세상의 복잡하게 꼬인 매듭을 풀 수 있고, 너와 나의 공간을 무한히 크게 만들 수 있다. 서로 대립하거나 싸울 필요도 없다. 우리 모두는 각자 자신과 화해할 수 있고, 이 세상 모든 사람과 화해할 수 있으며, 서로에게 공간을 열어줄 수 있다. 우리 각자가 칼의 두께를 없애고 아주 얇은 칼을 사용한다면 어떨까? 대만에도 공간이 생기고, 중국과 대만 간에도 공간이 생길 것이다. 양쪽 모두가 상대측에 대한 집착과 여론조작을 끊으면 이데올로기 투쟁도 해소될지 모른다.

원래는 소의 몸뚱이를 해체하는 이야기였지만, 장자의 혜안과 통찰력은 자신의 삶의 주체인 '마음'을 해체하는 데까지 이어졌다. 왜냐하면 마음의 지각활동인 '심지'의 본질이 바로 집착이기 때문이다. 그래서 장자는 심지의 집착을 끊어야 한다고 보았다. 심지의 집착 대상인 자아가 사라지면 소의 복잡한 신체구조도 동시에 사라진다. 자아가 영(零)으로 돌아가면 소의 골격과 근육 사이의 틈새가 아무리 좁아도 무한히 넓게 느껴질 수 있다. 결국 문제는 우리 자신 안에 있다. 타인의 문제가 아니라 우리 자신이 집착하고 탐닉하고 있기 때문이다. 우리 마음속의 꼬인 매듭을 풀어내어 없애야 한다. 그러면 우리 삶의 상공에 떠서 먹구름을 드리우고 있는 저 수많은 집착과 분별, 비교와 이해득실, 욕심 등은 즉시 사라지고 만다. 우리가 무하유지향에 머문다면 그곳이 바로 '광막지야'이고, 이 세상은 무한히 넓어진다. 바로 그 순간 장자가 나비가 되는 꿈을 꾸고, 포정이 소를 해체하는 자유로운 공간이 펼쳐진다.

'해체(解)'의 예술,
이는 도가가 우리에게 주는 삶의 큰 지혜이다.
심지의 집착을 끊어라.
그러면 우리가 존재하는 시간과 공간이 바로
'무하유지향'이자, '광막지야'가 된다.

제 5 장
삶의 교차와 성장
— 장자가 나비의 꿈을 꾸다(莊周夢蝶)

우리는 살아가면서 '심지'(마음의 지각작용)의 집착과
인위적인 조작에서 벗어나야 한다.
그리고 삶 그 자체로 되돌아와 삶의 노하우를 연마해야 한다.
어떤 삶을 살아갈지는 온전히 자신이 결정해야 한다.

장자는 장자가 아니고 나비는 나비의 '꿈'이 아니다

나비가 되는 꿈 이야기는 '제물론'편의 맨 마지막에 나온다. 어느
날 밤, 장자는 꿈속에서 '훨훨 나는 나비'가 된 자신의 모습을 보았
다. 그는 즐겁게 하늘을 날아다니며 여유롭고도 자유로운 한 마리
의 나비였다. 그러면서 '유쾌하게 즐기면서도 자신이 장주라는 사실
을 깨닫지 못했다(自喻適志與 不知周也).' 그는 자신이 원하는 대로 꽃
밭에서 자유롭게 춤을 추며 날았는데, 바로 그 순간 자신이 원래는

'장주(莊周)'라는 이름의 사람이라는 사실을 잊고 있었다.

얼마 후 잠에서 깼는데 자신은 '분명히 누워있는 장주였다(蘧蘧然周也).' 그는 깜짝 놀라 자신이 여전히 원래 이름이 '장주'인 바로 그 사람임을 깨달았다. 바로 그 순간, 마음속에 매우 커다란 의문점이 생겼다. 방금 전에 장주가 꿈에 나비가 되었던 것일까, 아니면 지금 나비가 꿈을 꾸고 있으며, 자신이 그 꿈속의 장주인 것일까? 우리의 삶에서 어디가 꿈이고, 또 어디가 깨어있는 시간일까? 이는 생명의 주체인 자아의 정체성과 관련된 문제이다.

깨어있는 상태에서 마음은 형체의 울타리 안에 머물러 있고, 꿈꾸는 상태에서 마음은 형체의 구속에서 벗어난다. 이 몸은 나비일 수도 있고, 장주일 수도 있으며, 심지어 '훨훨 날고 있는 나비'와 '분명히 누워있는 장주' 사이를 자유자재로 오고가는 존재일 수도 있다. 이처럼 형체는 꿈속에서 자유롭게 변신할 수 있다. 장주는 장주가 아닐 수도 있으므로 장주는 나비일 수도 있다. 나비는 나비가 아닐 수도 있으므로 장주일 수도 있다.

인간은 꿈속에서 형체의 구속에서 벗어난다. 물아(物我)는 서로를 모두 잊을 수 있고, 풍경도 서로 융합될 수 있다. 중국의 수천 년 문화전통에서 '장자가 꿈에 나비가 되었다.'라는 이 우언은 미학(美學)과 예술의 소재로 끊임없이 활용되었다. 공자가 꿈속에 주공(周公)을 만났다는 일화와는 인문학적 무게감이 전혀 다르다. 이 우언만 보더라도 뛰어난 사상가이자 대문호인 장자의 면모를 잘 알 수 있다.

장주는 여전히 장주이고
나비는 여전히 나비라는 구분(分)이 존재한다

문제는 신분이 서로 바뀌면 처한 상황도 그에 따라 변한다는 점이다. 형체의 구속에서 벗어나면 마음은 자유를 얻는다. 내가 꿈속에서 나비가 된다면 정말로 자유로움을 만끽하면서 삶을 즐겁게 살아갈 수 있을까? 사실은 그렇지 않다. 설령 나비로 바뀌었어도 우리의 몸은 점점 늙거나 병들어가고 삶 또한 유한하다. 단지 찰나의 황홀한 느낌을 줄 뿐, 우리 삶에 정말로 필요한 원기왕성함과 번뜩이는 지혜는 주지 못한다.

공자는 "새나 짐승과 함께 살 수도 없는 노릇인데, 내가 이 백성들과 함께하지 않고 그 누구와 함께하겠는가!"라고 말했다. 이 말은 인간의 본성을 잘 보여주는 유가의 가르침이다. 인간은 태어나서 '사람들과 함께 어울리며' 살아가야 한다. 인간의 문화적 가치와 아름다움을 지켜야지, 산속에 살면서 '새나 짐승'과 함께 이 생애를 살아갈 수는 없다. 따라서 장자가 꿈속에 나비가 된 경험은 매우 아름답지만, '덧없는 한때의 즐거움'에 불과하다. 도덕적, 지식적, 실용적인 면 이외에 인간 세상을 더욱 풍요롭게 하는 어떤 특별한 의미는 담겨있지 않다. 따라서 대철학자인 장자는 한가롭게 아름다운 한때의 느낌에 머무르는 대신, 인간의 실존과 생명의 가치와 근원을 탐구하려고 애썼다.

그는 말했다.

"장주와 나비 사이에는 분명히 구분이 있을 것이다(周與蝶 則必有 分矣)."

형체는 사라지거나 변화할 수 있다. 하지만 장자가 장자이고, 나 비가 나비이게 만드는 각각의 '본덕'과 '천진'은 변하지 않는다. 마 치 맹자가 모든 사람에게는 인의예지(仁義禮智)의 덕성심이 있다고 보고, "하늘의 명이지만 거기에는 인간의 본성이 들어있다(命也, 有 性焉)."라고 말한 점과 같다.

'하늘의 명이다(命也)'라고 함은 장자는 여전히 원래의 장자 자신 이 되고, 나비는 여전히 원래의 나비가 되어야 한다는 뜻이다. '인간 의 본성이 들어있다(有性焉)'고 함은 장자는 장자로서의 자기 삶을 영위해야 하고 나비는 나비의 삶을 살아가야 한다는 의미다. 삶은 본덕과 천진의 '구분(分)' 속에 존재한다. 따라서 장자와 나비는 각 자 자신의 본분을 다하고 각자의 명(命)을 따라야 한다.

마지막으로 장자는 "이것을 '물화'라 한다(此之謂物化)."라고 끝맺 고 있다. '물화(物化)'는 만물의 조화를 뜻하며, 한 사물이 다른 사물 로 변화할 수 있음을 나타낸다. 그리고 이 말은 맨 앞부분에 나온 "이제 나는 나를 잊었다(今者, 吾喪我)."의 '상아(喪我)'와 서로 호응하 고 있다. '상아'는 '물화'와 동일하다. '상(喪)'과 '화(化)'는 모두 동사 로 사용되었는데 여기에는 '수양을 통한 변화 가능성'이 담겨있다. '상아'는 형체를 해체하는 데 중점을 두고, '물아'는 상호간의 융합 에 방점이 찍혀 있다. 형체가 사라지면 너와 나, 사람과 사물 사이의 장벽도 사라진다. 그러면 장자는 나비에게 융합할 수도 있고 나비가 장자에게 융합할 수도 있다. 그럼에도 결국 장자는 여전히 장자 자신이고, 나비는 나비 자신이라는 '구분'이 존재한다.

'산을 보면 그냥 산이었고 물을 보면 그냥 물이었다'라는 큰 깨달음을 얻다

이 우언은 중국 당(唐)대의 청원유신(靑原惟信) 선사(禪師)가 깨달음을 얻기 위해 참선하는 과정에 다시 등장한다.

첫 번째는 "내가 30년 전 참선하기 이전에는 산을 보면 산이었고 물을 보면 물이었다."

두 번째는 "나중에 스승을 만나 지식과 지혜를 얻고 나니 산을 봐도 산이 아니었고 물을 봐도 물이 아니었다."

세 번째는 "훗날 깨달음을 얻고 나서 보니 이전처럼 산은 산이고 물은 물이었다."

장자의 나비 꿈과 청원유신선사의 참선을 서로 비교하면 매우 유사하다. 먼저 참선을 시작하기 전에는 산은 산이고 물은 물이었다. 이는 마치 꿈꾸기 전에 장자는 여전히 장자였고 나비는 여전히 나비였던 점과 같다. 이때의 산과 물, 장자와 나비는 모두 실존하는 형체의 구속을 받는다.

지식과 지혜를 얻고 나서 보니 산은 산이 아니고 물은 물이 아니었다. 마치 꿈속에서 나비가 된 뒤의 장자는 장자가 아니고, 꿈속에 장자가 된 뒤의 나비는 나비가 아닌 것과 같다. 도(道)를 깨달은 뒤는 꿈속에 들어간 상태와 같고, 지식을 얻는 것은 수행을 통해 깨달음을 얻은 것과 같다. 꿈속에 나비가 된 상황은 물화(物化)이자 융합(融合)이다. 산과 물, 장자와 나비는 이미 형체의 구속에서 벗어났으므로 산도 아니고, 물도 아니며, 장자도 아니고 나비도 아니다. 마음은 이미 자유로운 공간을 얻었다.

마지막으로 진정한 깨달음을 얻고 나서 바라보니 산은 여전히 산이고 물은 여전히 물이었다. 마치 맹자의 '본분이 정해져 있다(分定)'라는 말과 비슷하며, 이는 장자와 나비가 여전히 처음으로 되돌아와 보여주어야 할 본분이다. 선문(禪門)에서 말하는 '기시(祇是, 단지 그러하다, 원래 그러하다.-역자 주)'는 산과 물이 자신의 본래 모습을 되찾음을 가리킨다. 마지막 단계에서 산과 물이 여전히 원래의 산과 물이었다는 점은, 장자와 나비가 결국 각각 구분된다는 이치와 마찬가지로, 두 번째 단계의 수양을 통해 입증된 생명의 경지와 일맥상통한다.

장자는 깨어있는 상태(覺)에서 꿈속에 들어갔고, 다시 꿈에서 깬 뒤에 큰 깨달음(大覺)을 얻었다. 비록 장자는 여전히 장자였고 나비는 여전히 나비였지만, 그 과정에서 장자는 꿈속에서 나비가 되고 나비는 꿈속에서 장자가 되는 변환 과정을 겪었다. 자신을 없애버리고 서로 융합하는 과정을 통해 장자와 나비는 '기시' 차원에 머물지 않고 한층 더 높은 차원의 '대시(大是)'를 실현했다. 여기서 '대(大)'는 도가 이미 나에게 실현된 상태를 뜻한다. 단순히 꿈과 상대적 개념인 깨어있는 상태(覺)를 뛰어넘어 도를 깨달은 '대각(大覺)'의 경지에 도달했음을 가리킨다.

생명의 주체인 '마음'이 존재를 결정한다

장자의 나비 꿈과 청원유신 선사의 깨달음을 '포정해우'의 관점에서 보면 어떨까? 생명의 주체인 '마음'은 형체 속에 존재하면서 천지만물을 마주 대하는데, 육안으로 관찰하고(目視) 마음의 지각작용(心知)과 마음으로 만나는(神遇) 등의 다양한 과정을 거친다. 또 한순간에 다양한 모습으로 급변하기도 하고 다양한 차원의 모습으로 우리 인간의 눈앞에 나타난다. 육안으로는 사물의 구체적이고 물리적인 형상만 볼 수 있고, 심지(心知)로는 추상적인 개념이나 실용적 가치만 파악할 수 있다. 신우(神遇)야말로 생명의 이치를 제대로 파악할 수 있다.

인간은 심지의 집착과 인위적인 조작의 구속에서 탈피하여, 생명본연으로 되돌아와 끊임없이 수양해야 한다. 앞으로 어떤 삶을 영위하게 될지는 오로지 자기 자신에게 달려있다. 노자는 '도법자연(道法自然)', 즉 '도는 자연의 법칙을 따라야 한다.'라고 말했다. 도는 영원히 변함없는 생성의 원리를 결코 벗어나지 않는다. '자연(自然)'

은 흔히 생각하는 과학 연구의 대상인 가시적인 자연(nature)이 아니라, '연(然)이 자기 자신으로부터(自) 나온 것'을 뜻한다. '자연'은 만물이 존재하는 이유이고, 오직 '자연'에 의해서만 만물은 존재할 수 있다. 우리 인간은 살아가면서 '육안의 관찰(目視)', '마음의 지각 작용(心知)', '마음으로 만나기(神遇)'의 과정을 겪는데, 이는 온전히 자기 자신의 '마음'에 의해 결정된다.

필자가 생각하기에 이 사회는 너무나 복잡하고, 고통으로 가득하며, 인간은 질곡으로 가득한 일생을 보낸다. 하지만 실제로는 한순간에 화려하고 멋진 인생을 보낼 수도 있다. 결국 인간의 진정한 주체인 '마음'이 모든 집착과 욕심을 내려놓아야 한다는 점이 관건이다. 그래야만 천하를 내려놓을 수 있다.

원래 이 세상을 살아가는 나와 타인(人我) 모두는 함께 구원을 얻을 수 있다. 부부는 함께 있을 때 온전한 하나가 될 수 있다. 또 부모와 자식 사이, 중국과 대만 사이에도 마찬가지다. 우리는 상대방에게 너무 빡빡하게 대하지 않고 관용과 여유를 베푸는 '무후(無厚)'의 정신을 발휘해야 한다. 중국이 무후해야만 대만도 무후하고, 여당이 무후해야만 야당도 무후해진다. 나아가 중국과 대만 관계에도 여유가 생기고 여야 사이에도 여유가 생긴다.

우리는 무하유지향에 머물 수 있고 나비의 꿈을 꿀 수 있다. 천지는 무한히 넓어지고 서로에게 여유를 갖고 배려할 수 있게 된다. 소의 몸 구조가 아무리 복잡해도 두께가 거의 없는 얇은 칼로 자유롭

게 해체할 수 있다. 이와 같이 자아의 구속에서 탈피하고 모든 것에
분별이 없는 이상적인 경지에 녹아들어갈 수 있다.

제6장
인생의 본모습을 꿰뚫어보다
― 신통한 무당 계함(神巫季咸)

인생은 항상 어떤 시간과 공간이 교차하는 기회 속에 있다.
심연(深淵) 같은 생명 본연에서 벗어나
지금 이 순간, 각각의 그 기회가 보여주는 상(相)의 한계 속에서
생명 본연의 무한한 가치와 아름다움을 누려야 한다.

생사(生死)와 화복(禍福)을 꿰뚫어보는 신통한 무당 계함(神巫季咸)

'응제왕(應帝王)'편에 나오는 이 우언은 사람과 사물의 대화, 상황
의 변화 등을 통해 생명에 대한 통찰력을 보여준다. 그야말로 인류
의 역사를 통해 가장 오랫동안 다뤄지고 가장 훌륭한 이야기라고
평가할 만하다.

정(鄭)나라에 '계함'이라는 신통한 무당이 있었다. 그는 인간과 신
을 이어주는 영매(靈媒)로서 인간의 생사와 존망, 길흉화복과 수명

을 예측하는 능력이 뛰어났다. 또 연월(年月)은 물론이고 상순, 하순과 같은 구체적인 날짜도 귀신같이 맞췄다.

그는 마치 천지신명 같은 행세를 하며 세상을 돌아다녔다. 정나라 사람들은 저잣거리에서 그를 보면 모두 도망치기 바빠 길거리가 한산해졌다. 어느 누구도 "당신은 언제 죽을 것이오."라는 그의 예언을 들을 용기가 없었기 때문이었다. 하지만 그중 한 명만은 예외였다. 바로 도가의 대가인 열자(列子)였다. 도가에서는 죽음을 대자연이라는 옛집으로 되돌아간다고 여기기 때문에, 그를 만난다는 생각에 열자는 오히려 기쁘고 흥분되었다.

"운이 좋아 이렇게 신통한 인물을 만날 수 있다니 얼마나 다행인가."

스승인 호자(壺子)가 수도하고 있는 곳으로 돌아온 열자는 자기가 받은 느낌을 말했다.

"스승님, 저는 스승님만이 이 세상 최고의 수도자라고 생각했습니다. 그런데 오늘 저잣거리에서 스승님보다 더 뛰어난 도인(道人)을 만났습니다."

열자의 두서없는 말을 들은 호자는 자신이 제자를 오랫동안 잘못 가르쳤다고 판단했다. 그래서 시큰둥하게 물었다.

"너는 오랫동안 나에게서 도를 배웠다. 하지만 이론만 배웠지 이를 실천하지 않았다. 도를 배운다는 이름만 있을 뿐 도를 실행한다는 열매는 없는데, 너는 나의 도를 배웠다고 생각하느냐? 한 무리의 암탉이 알을 낳아도 수탉이 없으면 어떻게 병아리가 나올 수 있겠느냐? 그런데 너는 항상 '도'를 들먹이며 세상 사람들과 겨루려고 한다. 너의 관상에 모든 것이 그대로 드러나고 아무 것도 감추지 못한다. 그러므로 사람들이 네가 보이는 '상(相)'을 보고 너의 '명(命)'을 금방 알아채는 것이다. 그 사람이 신통해서가 아니라 네가 너무 가볍다는 말이다. 그 사람이 그렇게 대단하다면 한번 데려와서 나의 관상을 보고 내 운명을 점쳐보도록 해라."

호자가 다양한 관상을 보이며 도를 설명하다

무당에 푹 빠져 헤어나지 못하는 제자를 '구출'하기 위해 호자는 자신이 직접 실험 대상자가 되기로 했다. 계함이 정말로 신통한 능력이 있는지, 얼마나 대단한 능력의 소유자인지를 검증하기로 했다. 다음 날 열자는 계함을 실제로 데려왔다. 문을 열고 들어와 호자의 관상을 본 계함은 밖으로 나오자마자 열자에게 말했다.

"자네의 스승은 곧 죽을 운명이네. 열흘을 넘기지 못할 게야. 미리 준비해 두게. 마치 축축한 재(灰)처럼 아무런 생기도 없는 얼굴이기 때문이지."

그의 말에서 신통한 무당의 느낌은 전혀 찾아볼 수 없었다. 마치 까마귀가 부리로 무언가를 쪼아대는 듯한 말투였다.

물론 자신의 생사와는 상관없었지만 스승이 죽을 수 있다는 말을 듣자, 열자는 눈물을 흘리며 스승에게 달려가 계함의 무시무시한 예언을 전했다. 호자는 담담한 표정으로 상황을 설명했다.

"방금 전 나는 그에게 대지(大地)의 무늬를 보여주었다(鄕吾示之以地文)."

즉 방금 전에 땅의 무늬(地文)와 같은 고요한 관상을 계함에게 보여주었는데, 이는 마치 물을 뿌린 축축한 재처럼 보일뿐 아무런 생기도 찾아볼 수 없었다.

호자가 또 말했다.

"그는 내 생명의 조짐이 막혀버린 모습을 보았을 것이다(是殆見吾杜德機也)."

"계함이 나에게 오래 살 수 없다고 단정한 이유를 아느냐? 관상을 보는 그 순간에 내가 나의 생기와 원기를 막아버렸는데, 계함은 그 모습만을 읽었기 때문이니라. 내일 다시 그를 불러오너라."

다음 날 계함은 다시 열자와 함께 찾아왔다. 문을 열고 들어와 호자의 관상을 본 뒤에 다시 밖으로 나가 호자의 운명을 예측했다.

"자네 스승은 운이 좋군. 다행히 나를 만나서 병이 나았어. 축축한 재에서 생기가 다시 살아났다는 말이야. 원래 어제는 생기가 꽉 막힌 모습이었어(吾見其杜權). 그런데 오늘 자네 스승의 얼굴에서는 어제와 달라진 모습이 느껴졌어."

열자는 그 말을 듣자, 즉시 안으로 들어가 호자에게 이 소식을 전했다. 하지만 호자는 평정심을 유지한 채 이렇게 설명했다.

"아까 나는 그에게 하늘의 모습을 보여주었느니라(鄕吾示之以天壤)."

"인간 세상은 명칭을 통해 실제를 추구하려는 집착 속에 움직인
다. 나는 마음의 평정을 해치지 않고도 생기가 발뒤꿈치에서 용솟
음치게 했다. 그래서 그는 '내 목숨을 구했다'라고 단정지은 것이다.
그는 아마도 '내 삶의 조짐을 보았을 것이다(是殆見吾善者機也).'

도가에서는 생명의 원천이 천도(天道)를 초월하고, 내재되어 있는
인덕(人德)에서 비롯된다고 말한다. 그런데 나는 본덕과 천진을 폐
쇄했기 때문에 겉보기에는 생기가 전혀 없어 보인다. 선덕(善德)은
천진과 본덕을 드러낸다. 내가 임기응변을 통해 본덕과 천진의 문
을 다시 열었느니라. 그러니 끊임없는 생기가 용솟음쳤고, 그는 당
연히 내 목숨을 구했다고 생각했을 거야. 좋다! 내일 다시 그를 불
러오너라."

다음 날 계함이 또 다시 열자를 따라왔다. 문을 열고 들어와 호자
의 관상을 본 후에 이렇게 말했다.

"자네 스승은 오늘 관상이 일정하지 않네. 얼굴에 기쁨이 넘쳤다
가 또 다시 얼굴에 슬픔이 가득했네. 일관성이 없으니 결론을 내릴
수가 없어. 가서 자네 스승에게 관상을 일정하게 만들라고 전하게.
그러면 다시 와서 관상을 보고 결론을 내리겠네."

열자가 들어와 이 사실을 전했다. 호자는 이렇게 설명했다.

"아까 나는 그에게 더없이 허무하고 흔적 없는 모습을 보여주었
느니라(鄕吾示之以太沖莫勝)."

"방금 전 나는 상반된 관상을 보여주었다. 이어서 서로 평형을 이루는 모습을 보여주었다. 기쁨이나 슬픔 어느 한쪽이 일방적으로 많지 않았고 두 관상이 상쇄되어 허(虛)로 돌아갔다. 그러니 그는 결론을 내릴 수 없었다. 그는 아마도 나의 음양의 기운이 조화를 이룬 조짐을 보았을 것이다(是殆見吾衡氣機也). 그러니 정확한 판단을 내릴 수 없다고 말했겠지."

도체(道體)의 생성과 작용에는 무한한 가능성이 있다

호자는 3일 연속 자신의 관상을 보여줌으로써 제자에게 진정한 도가 무엇인지 설명했다.

"고래가 헤엄치는 깊은 바다도 결국은 연못(淵)이다. 잔잔하게 멈춰있는 물도 결국 연못의 일종이다. 흘러가는 물 또한 마찬가지다. 그런 연못에는 아홉 가지 유형이 있는데, 이번에 내가 계함에게 보여준 유형은 세 가지에 해당하느니라."

《도덕경》 제4장에는 다음 구절이 나온다.

"도는 비어있지만 쓰임은 항상 차지 않고, 깊어서 만물의 으뜸인 듯하다(道沖而用之或不盈, 淵兮似萬物之宗)."

무궁한 도체(道體)를 교묘하게 이용하고, 깊이를 가늠할 수 없는 '연못'을 통해 상징적인 설명을 하고 있다. '연못에는 아홉 가지 유형이 있다'라는 설명에서 아홉의 '9'는 궁극의 숫자로, 도체의 생성과 작용을 뜻한다. 여기에는 무한한 가능성이 들어있다. '내가 보여준 유형은 세 가지였다'라고 함은 물이 보여주는 세 가지 양상을 의미한다. 첫 번째는 정지해 있는 물, 두 번째는 흐르는 물, 세 번째는 정지해 있기도 하고, 흐르기도 하며, 원래 장소에서 빙빙 선회하는 물이다. 여기에서 정지한 물은 덕기(德氣)가 막혔음을, 흐르는 물은 덕기가 잘 흐름을, 선회하는 물은 기기(氣機)가 균형을 이루었음을 각각 비유한다.

도를 수양하는 사람은 도의 다양한 모습을 보여줄 수 있다. 멈춰선 물은 도체의 '무(無)'의 모습을, 흐르는 물은 도체의 '유(有)'의 모습을, 정치하기도 하고 흐르기도 하는 물은 도체의 '무와 유가 균형을 이루는' 모습을 나타낸다. 따라서 이 세 가지 유형은 도의 모든 모습을 포괄한다.

《열자(列子)》에는 아홉 가지 유형 가운데 서로 속성이 다른 나머지 여섯 가지 유형이 포함되어 있다. 그런데 장자의 위의 설명과는 전혀 다른 듯하다.

종합적인 설명을 마친 후 호자는 내일 다시 그를 불러오라고 말했다. 다음 날 열자는 또 다시 계함을 데리고 왔다. 하지만 계함은 한쪽 발은 문지방을 넘어섰고 다른 한쪽 발은 미처 일으켜 세우지도 못한 채, 호자의 얼굴을 보자마자 몸을 돌려 달아나고 말았다. 호자는 즉시 그를 쫓으라고 열자에게 명령했다. 그는 계함을 쫓아갔지만 잡지 못했다.

그는 되돌아와서 이렇게 말했다.

"벌써 사라졌습니다. 제가 그에게 이르지 못했습니다."

계함은 스스로 도망쳤으므로 이는 강호(江湖)에서 스스로를 추방하고 제명(除名)한 것이나 마찬가지였다. 이전에 계함은 영웅적인 기개를 뽐냈지만 이제는 그 이름이 흔적 없이 사라지고 말았다.

계함은 그동안 수많은 사람들의 관상을 보았고 그들의 운명을 예측했다. 하지만 마지막에 가서는 상대방의 관상을 제대로 보지 못했고 당연히 그의 운명도 알아맞히지 못했다. 자신이 이룩한 금자탑을 스스로 무너뜨리고 말았다. 거침없는 말로 타인의 운명을 단언하더니 결국 자신의 운명에 대해서는 일말의 여지도 남기지 못한 채, 이 세상에서 흔적도 없이 사라지고 말았다.

관상을 보지 않고 어떻게 운명을 맞추겠는가

계함은 도대체 어떤 관상을 보았기에 호자의 운명을 예측하기도 전에 황급히 도망쳤을까? 이에 대해 호자는 다음과 같이 설명했다.

"아까 나는 아직 근본에서 떠나지 않은 자연 그대로의 모습을 보였다(鄉吾示之以未始出吾宗)."

즉, 한 번도 자신의 생명 그 자체에서 벗어난 적이 없는 모습을 계함에게 보여주었다는 뜻이다. 이 생명 그 자체는 마치 '연못'과 같아서 깊이를 드러내지 않는다. 생명은 '도'를 초월한 것이자, 인간

내부에 축적된 '덕'이다. 이것이 바로 노자가 말한 "도는 생겨나고 덕은 축적된다(道生之 德畜之)."의 의미다. 도는 '그윽하고 어두우며(窈兮冥兮)', '어두워 잘 분간할 수 없고(惚兮恍兮)', 깊이와 길이를 알 수 없으며, 형태도 없는 '무(無)'이다. 덕은 '그런 가운데 모양이 있고(其中有象)', '영묘한 정기가 들어있는(其中有精)' 그러한 '유(有)'이다. 또한 '물질이 형태를 이루고 기세가 틀을 갖추는(物形之 勢成之)' 상황이어야만 '그런 가운데 물질이 있고(其中有物)', '그런 가운데 믿음이 있는(其中有信)'는 기화세계(氣化世界)에 나타난다.

호자의 말에서 '아직 떠나지 않은(未始出)'이란, 자신이 직접 나서서 자신의 관상을 보여주지 않았다는 의미다. 그러므로 계함은 호자의 운명을 제대로 맞출 수 없었다. 제아무리 신통한 무당이라고 해도 상대방의 관상을 제대로 볼 수 없었으니 결국 도망치는 길 이외에는 선택의 여지가 없었다.

'미시출(未始出)'은 도가의 관점에서 보면 또 다른 방식으로 설명할 수도 있다. 수양 방식으로 노자는 '치허(致虛, 텅 빈 상태에 이르다.-역자 주)'를, 장자는 '심제(心齊, 마음을 깨끗하게 만들다.-역자 주)'를 이야기했다.

또한 노자는 '수정(守靜, 마음의 고요함을 지키다.-역자 주)'을, 장자는 '좌망(坐忘, 앉아서 모든 것을 잊어버리다.-역자 주)'을 말했다. 즉, 장자는 '심지'의 집착을 끊고, 마음이 마치 거울처럼 무하유(無何有)와 허정(虛靜)에 이른 경지를 '미시출'이라고 표현했다. 이는 마치 중국 송

(宋)대 유학자 주희(朱熹, 1130~1200)가 노래한 '반 묘(畝)의 네모난 연못 거울처럼 열렸네(半畝方塘一鑑開).'라는 시의 느낌과 비슷하다. 천지(天地)는 마치 커다란 거울과 같다. 거울 그 자체는 비록 '무(無)'이지만, 천지만물의 '유(有)'를 모두 비칠 수 있다. 따라서 호자가 자신의 본래 관상을 보이지 않은 것은 마치 거울을 비추듯이 계함의 관상을 그에게 반사시킨 것이다. 계함은 일생동안 남의 관상을 보고 그의 운명을 점쳤지만, 정작 자신의 관상을 통해 자신의 운명을 예측한 적은 없었다. 계함은 지금까지 수양을 통해 자신의 내면을 충실히 한 적이 없었다. 따라서 그 순간, 계함은 자신의 관상을 보고 무너지고 말았다. 그 자리에서 도망치는 것만이 그가 인생의 딜레마에서 벗어나는 유일한 선택이었다.

허정은 거울과 같아 본연의 모습을 비춘다

호자가 말했다.

"내가 마음을 완전히 비우고 욕심이 전혀 없는 모습으로 그를 대했다(吾與之虛而委蛇). 그랬더니 그는 나를 몰라보았다(不知其誰何)."

그는 자신을 감추었고, 마치 그림자가 물체를 따라가듯이 계함의 곁에 붙어있었다. 그러자 계함은 그것에서 벗어날 수 없었고, 자신의 주변에 달라붙어 있는 사람이 누구인지, 왜 이리도 신묘한지 알 수 없었다.

호자가 계속해서 말했다.

"그래서 계함은 무엇인가가 무너져 내린다고 여겼다(因以爲弔靡). 그래서 무엇인가가 물결처럼 밀려온다고 여겼다(因以爲波隨). 그래서 도망치고 말았다(故逃也)."

이처럼 자신의 몸을 무(無)로 바꾸는 것은 마치 풀이 바람을 따라 흔들리거나 물이 물결을 따라 흐르는 것과 같아 결코 고정된 모습이 없다. 따라서 제대로 된 운명을 점칠 수도 없으므로 계함은 도망치는 길 외에 선택의 여지가 없었다!

이와 같이 호자는 다양한 관상을 선보이며 도를 설파했다. 이는 신통함이라기보다 도행(道行)이며, 도를 자신의 몸에서 보여준 것이다. 모든 사람이 가진 천진과 본덕은 마치 '도'가 소리와 형체도 없는 것처럼 어디에나 존재한다. 또한 마치 '연못'처럼 깊이를 알 수도 없고 쉽게 드러나지도 않는다. 따라서 본연의 모습을 드러내지 않으면서도 거울처럼 허정을 유지할 수 있고, 신통한 듯하지만 실제로는 퇴락한 상대방의 추악한 민낯을 그대로 보여준다. 이는 결코 허풍이나 근거 없는 자랑이 아니라 열자를 가르치고 계함을 구하기 위한 방편이었다.

결국 자신이 수년간 배운 도의 부족함을 처절하게 깨달은 열자는 다시 스승 밑으로 돌아와 열심히 수양하고 이를 실천했다. 3년 동안 문 밖을 나가지 않고 아내를 위해 부엌일을 했으며, 마치 사람을 대하듯 돼지를 사육했다. 그는 세상 일을 잊었고 인위적인 조작을 떠나 자연의 순수함으로 되돌아왔다. 아무것도 가지지 않은 모습으로 천지간에 우뚝 섰고, 세상의 혼란으로부터 내면의 평정을 유지했으며, 마침내 도를 가치의 기준으로 삼을 수 있게 되었다.

스승은 열자에게 날마다 비워야만 도를 이룰 수 있다는 '위도일손(爲道日損)'의 수행법을 가르쳤다. 이 말에는 계함이 개심(改心)하기를 바라는 진심도 함께 담겨있는 듯하다. 도망친 계함도 세상 어느 곳에서인가 열자와 마찬가지로 자신의 모든 것을 내려놓고, 열심히 수양을 거쳐 생명 본연의 진실과 아름다움을 깨우쳤으리라 생각해 본다.

시기를 맞이하여 모습을 보이는 것은 단지 지금뿐이다

이 우언을 읽고 나면 한 가지 깨달음을 얻게 된다. 인생이란, 항상 어떤 시간과 공간이 교차하는 기회가 생긴다. 당신은 연못처럼 깊은 생명 본연에서 나와서 당신의 진면목을 알 수 있는 모습을 가족이나 친구들에게 보여준다. 그럼으로써 서로 간에 깊은 정을 교류하고 서로의 이상을 만난다. 이는 인간으로서의 따뜻한 마음씀씀이다. 우리가 보여준 '모습(相)'은 우리 자신이 처한 상황에서 수행하는 역할과 동일하다. 가령 얼굴을 가린 채 등장해 무대 위에서 얼굴을 드러내는 연극에 비유할 수 있다. 얼굴에 어떤 분장을 하면 맡은 배역과 함께 수행해야 할 역할까지 정해지는 것과 같다. 이 경우 배역은 '모습(相)'이고 역할은 '운명(命)'에 해당한다.

그러므로 모습을 통해 운명을 보는 것은 일리가 있다. 문제는 그것이 단지 현재 '시기(機)'를 맞이하여 표현된 '모습(相)'에 불과하며, 모습을 통해 운명을 결정하는 것은 오로지 그 시점에서만, 그리고 그 시간과 공간이 교차할 때만 유효하다는 점이다. 바로 이 시점의 존재 현장을 벗어나면 또 다시 무한한 가능성을 품은 생명 본연의 모습으로 되돌아온다. 우리는 흔히 사람은 외모로 평가해서는 안 된다.라고 말하는데, 이는 '진인(眞人)은 상(相)을 드러내지 않는다.'라는 말의 함의와 비슷하다.

생명 본연의 모습은 너무 깊어서 깊이를 가늠할 수 없다

인생의 기회는 현재 지금 이 시점에 존재한다. 어떤 모습(相)을 보일지는 자기 자신이 결정해야 하며, '기회를 놓치지 말아야 한다.'는 점이 무엇보다 중요하다. 바꿔 말하면 '현장에 융합해야 한다(融入現場)'. 어떤 장소나 상황이든 우리는 그곳에 '마음(心)'을 데려가야 한다. 올바른 사람(眞人)은 올바른 말(眞話)을 하며 진실한 마음(眞情)을 드러낸다. 자기 자신의 배역을 수행하고 그 배역에 잘 맞는 역할을 충실히 해낸다. 이 경우 인생은 '기회에 순응'하기 때문에 좋은 운명이라고 말할 수 있다. 하지만 반대의 경우에는 항상 기회를 얻지 못하고 마음이 다른 곳에 가 있기 때문에 존재감을 상실하고 가족과 친구들에게 상처를 준다. 이 경우 인생은 '기회에 순응하지 못하기' 때문에 나쁜 운명이라고 말한다.

우리는 이와 같이 '인생'이라는 큰 연극무대에서 어떤 배역을 맡아 그에 맞는 역할을 수행한다. 기회를 맞이하면 비록 그 기회가 유한하지만 그래도 어떤 가능성이 들어있다. 인생이란 무엇인가? 바로 지금 이 순간 주어진 모든 유한한 기회 속에서, 무한한 가능성을 내포한 생명 본연의 가치와 아름다움을 영위하는 것이다! 마치 강연이나 수업 때처럼, 필자가 보여주는 모습(相)은 바로 이 유한한 기회의 시간 속에 존재한다.

장자의 지혜는 너무나 방대해서 결코 다 이야기할 수 없다. 하지만 관상을 보고(示相), 관상을 파악하는(識相) 과정은 우리에게 생명 본연의 무한한 가능성으로 되돌아올 수 있는 가치의 공간을 제공한다. 말하는 사람과 듣는 사람 모두 이 시간 속에 있다. 이 시간 안에서 보이는 모습(相)은 우리의 공동 운명(命)이다. 모든 사람의 생명 그 자체는 무한하지만, 시간과 공간의 교차점이 보이는 모습(相)은 유한하다. 우리 모두는 주체로서의 '마음'을 가지고 와서 현장에 융합되었고, 훌륭한 무대를 연출했다. 이는 우리의 공동 운명이다. 그리고 우리 모두는 좋은 운명을 공유한다.

인생의 기회는 바로 지금 이 시간 속에 존재한다.
어떤 모습(相)을 보일 것인가는
바로 자기 자신이 결정할 수 있다.

제**7**장
혼돈(混沌)을 뚫어서 깨뜨리다
– 혼돈의 죽음

혼돈을 깨뜨리고, 동시에 태초의 상태에서 벗어나
재생의 문을 열어젖혔다.
형체(形)와 기운(氣)과 물욕(物慾)의 자연현상으로부터
수양을 통해 나 자신을 변화시키고 승화시킴으로써
천도(天道)의 생명에 관한 이치를 드러낸다.

의지하지 않는 것이 가장 좋은 의지다

이 우언은 '응제왕(應帝王)'편의 맨 마지막에 나오며 《장자》'내편
(內篇)'의 결론에 해당한다.

이야기는 아주 짧고 줄거리도 매우 단순하다. 북해(北海)의 제왕
은 '홀(忽)'이고 남해(南海)의 제왕은 '숙(儵)'이다. 《초사(楚辭)》'소사
명(少司命)'편에 나오는 '숙(儵)이 올 때 홀(忽)은 사라진다.'라는 구절
에 따르면, 인간 세상의 제왕이 가진 통치 권력은 '숙이 오는 것'과

'홀이 사라지는 것'의 형태로 나타난다. 홀연히 오되 일정함이 없고 짧게 머물되 쉽게 사라진다. 맹자의 말을 빌리자면 '구함에는 길이 있고 얻음에는 명이 있다(求之有道 得之有命).'라고 할 수 있는데, 이는 합리적으로 추구하되 그렇다고 반드시 얻을 수 있다는 보장도 없다는 뜻이다. 그 이유는 추구하는 대상은 바깥에 존재하며, 자유롭지 못하므로 설령 요(堯)나 순(舜) 임금의 대업이라고 해도 마치 뜬구름이나 허공처럼 금방 사라지기 때문이다.

남해와 북해의 두 제왕은 나라를 책임지면서 매일 수많은 일을 처리했기 때문에 심신이 극도로 지쳤다. 피로가 겹치면 싫증이 나서 포기하려는 마음이 생기므로 휴식이 필요했다. 그럴 때는 중앙의 제왕인 혼돈(混沌)의 나라로 가서 쉬었다. 혼돈은 '아직 나눠지기 전의 상태'를 뜻한다. 제왕이기는 하지만 그는 실제로는 대지(大地) 위에 존재하는 모든 것을 짊어졌고 누가 찾아오든 다 받아들였다. 이는 마치 '지극한 경지에 이른 사람의 마음가짐은 맑은 거울과 같아서 무엇이든 보내지도 않고 무엇이든 맞이하지도 않는다(至人之用心若鏡 不將不迎).'의 상황과 같기 때문에 어느 누구든지 거부하지 않고 맞이했다. 거울은 무심(無心)하고 무지(無知)하므로 집착과 분별이 없고, 물성(物性)과 자연에 순응하며, 존재의 실제 모습을 있는 그대로 보여줄 뿐이다. 그래서 자기 본연의 모습을 잃어버린 사람은 누구라도 거울을 보면서 잃어버린 원래 모습을 되찾을 수 있다. 이는 방문객을 맞이하는 가장 바람직하고 따뜻한 방식이다. 그래서 남해와 북해의 왕은 혼돈의 땅에서 모든 것을 내려놓고 속세의 괴로움과 번민, 고통에서 해방될 수 있었으며, 자신의 본덕과 천진으로 되돌아갈 수 있었다.

두 제왕은 혼돈의 땅에서 쉬다가 우연히 서로 만났는데, 혼돈이 그들을 매우 극진히(甚善) 대접했다. 혼돈은 주인 노릇을 하지 않았고, 인위적으로 환대하기보다 자연의 도행(道行)에 순응하는 방식으로 그들을 대했다. 이는 마치 '타인에게 의지하지 않는 것(無待)'과 같았다. 그래서 멀리서 온 두 제왕은 마치 자신의 나라에 있는 듯이 편안했고 자유로움을 느꼈다. 제왕을 알현할 필요도 없었고, 협상 테이블에 앉거나 기자회견을 열 필요도 없었다. 이는 진정한 여유로움과 자유였다. 이처럼 모든 생명은 '아무 것도 없는' 곳에 머물며 다시 활력을 되찾을 수 있다.

일곱 개의 구멍이 열리자 혼돈은 죽었다

휴식 기간이 끝나자 두 왕은 '무심(無心)'의 자세로 자신들을 대해준 혼돈의 미덕에 감사하고 싶어졌다. 그들은 이 세상(滄茫)을 둘러보다가 인간은 모두 일곱 개의 구멍(七竅)이 있는데, 혼돈에게만은 없다는 사실을 발견했다. 그래서 혼돈에게 신통한 선물을 주기로 의기투합했다. 그것은 바로 혼돈에게 일곱 개의 구멍을 뚫어주는 일이었다. 매일 한 개씩 뚫어 7일째 되는 날에는 일곱 개의 구멍을 모두 뚫었다. 그러자 혼돈은 죽고 말았다.

'제물론'편에는 '일단 사람의 몸을 받았다면(一受其成形)'이라는 구절이 있다. 인간의 존재는 무한한 '마음(心)'이 유한한 '형체(形)'에 존재하는 과정이다. 또 '감각기관이 열려 활동을 시작해서 사물과 접촉한다(其覺也形開 與接爲構).'라는 구절도 있다. 생명체는 깨어난 상태가 되면 사물을 감지하는 오관(五官)의 문이 열린다. 눈, 코, 입, 귀 등 일곱 개의 구멍은 보고, 냄새 맡고, 먹고, 듣고, 세상 만물과 접촉한다. 눈으로는 5색(五色)을 보고 입으로는 5미(五味)를 맛본다. '사람의 몸을 받았으므로(成形)' 사람과 사람 사이에는 구분이 생긴다. 감각기관이 열리므로(形開) 사물을 접하고 심지(心知)가 개입한다. 그래서 '저것은 옳다(彼是)'는 집착이 생기고 '옳고 그름(是非)'의 구분이 형성된다. 청(淸)대 초기의 학자 왕부지(王夫之, 1619~1692)는 '앎(知)은 마음(心)에서 왔지만 거꾸로 마음을 혼란스럽게 한다.'라고 말했다. 또한 장자는 '날마다 마음 때문에 싸운다(日以心鬪).'라고도 했다. 머릿속이 혼란스러우므로 우리 삶의 혼란도 그칠 날이 없다. 남해와 북해의 왕이 중앙의 혼돈의 나라로 온 근본적인 이유도 심지의 집착과 인위적인 행위를 떨쳐내기 위해서였다.

장자 해석에 조예가 깊었던 청(淸)대의 학자 선영(宣穎)은 "7일째에 이르러 혼돈이 죽자, 장자는 이에 큰 슬픔을 이기지 못했다."라고 말했다. 그런데 이는 이 우언을 적절히 이해한 것일까? 이 문제를 제대로 해결하려면 또 다른 장자 전문가인 청대 진수창(陳壽昌)의 말을 살펴보아야 한다. 그는 "내편(內篇)의 7편은 남명(南冥), 북명(北冥)에서 시작하여 남해(南海), 북해(北海)로 끝났다. 곤(鯤)과 붕(鵬)은 생명체이므로 변화하여 함께 살 수 있었지만(化則相生), 혼돈은 제왕이므로 찌르자 죽고 말았다."라고 말했다. '남명과 북명에서 시작했다.'는 《장자》 '소요유'편의 맨 처음에 나오는 '대붕이 노하여 날아올랐다(大鵬怒飛).'라는 우언이고, '남해와 북해에서 끝난다.'는 '응제왕'편 맨 마지막에 나오는 '남해와 북해, 혼돈의 죽음'이라는 우언을 뜻하는 듯하다. 이를 통해 '내편'에 함축된 내용이 앞뒤가 잘 맞지 않음을 나타내려는 의도로 보인다.

찌르면 죽고 변하면 새로 태어난다

'대붕노비(大鵬怒飛)'의 우언에 따르면 북명(北冥)에 물고기 한 마리가 살고 있었다고 한다. 명(冥)은 바다를 뜻하므로, 북명이란 북쪽 끝에 위치한 바다이다. 이 물고기는 점점 자라 거대한 물고기 곤(鯤)이 되었고, 어느 날 갑자기 거대한 새인 붕(鵬)으로 변했다(化). 여기에서 '변했다(化)'란, '큰 것으로부터 변화한' 탈바꿈(蛻變)의 과정을 뜻한다. 거대한 조류인 붕은 두 날개를 펼치고 날아올라, 북명에서 남명(南冥)의 천지(天池)로 날아갔다. '혼돈의 죽음' 우언에 따르면, 남해의 왕인 숙과 북해의 왕인 홀은 중앙의 왕인 혼돈을 위해 구멍을 뚫었는데, 그 결과 혼돈은 죽고 말았다. "곤과 붕은 생명체이므로 변화하면 상생한다."라는 진수창의 말은 '큰 것으로부터 변화했다.'라는 장자의 우언에 내포된 심층적 가치와 의미와는 배치되는 듯하다. '큰 물고기가 탈바꿈하여 큰 새가 되었다.'란 정신과 생명의 비상(飛翔)을 의미한다. 만약 반대로 '큰 새가 탈바꿈하여 큰 물고기가 되었다'라고 했다면 생명의 후퇴였을 것이다. 따라서 '변화하여 함께 살았다.'라는 진수창의 주장은 사실 '변화하여 다시 태어났다(化則重生).'로 바꾸어야 한다. 이 말은 '찌르자 죽고 말았다(鑿之乃死).'와 대비된다. '화(化)'는 형체를 멀리하고 지(知)를 없애는 수양방식으로, 남명 천지의 모든 분별을 없앤 최고의 경지를 잘 보여준다. '착(鑿)'이란, '심지'의 집착에서 비롯된 모든 인위적 행위에서 벗어남을 뜻한다. 그래서 혼돈이 아직 분화되기 전인 태초(太初) 상태를 '뚫어서(鑿) 깨뜨린(破)' 것이다.

이 두 가지 우언은 언뜻 상호 모순처럼 보이지만 실제로는 자연스럽게 호응한다. 왜냐하면 혼돈을 뚫어서 깨뜨림과 동시에, 어두움(杳昧)에서 벗어나 새로 태어나는 문(重生之門)이 활짝 열렸기 때문이다. 북명의 물고기는 태초의 혼돈 속에서 살던, 그저 물속의 평범한 한 마리의 물고기에 불과했다. 하지만 혼돈이 죽자 그 물고기는 태초의 혼돈(洪荒) 상태에서 벗어났고, 형체와 기운의 구속과 심지의 장애를 벗어던졌다. 그리고 마침내 변화하여 거대한 새인 붕이 되었다. 붕은 노하여 높이 날아오른 뒤 북명의 혼돈을 떠나 남명 천지로 날아갔다.

혼돈이 나뉘기 전에는 도체(道體)에도 구분이 없었다

태초에는 혼돈이 아직 나뉘지 않았고, 천도를 드러낼 모든 것과도 구분되지 않았으며, 이들은 서로 다른 차원에 속해 있어서 마치 '갓난아기의 상태로 되돌아간(復歸於嬰兒)' 것과 같았다. 이는 유치하고 무지한 갓난아기가 아닌 '본덕'과 '천진'을 지닌 갓난아기로 회귀했음을 뜻한다. 또한 '통나무로 되돌아갔다(復歸於樸).'는 황량하고 거친 마을이 아닌, '통나무처럼 다듬어지지 않은 원래의 상태'로 회귀했음을 말한다. 혼돈이 분화되기 전이란, '태초의 자연(自然)' 또는 '현상의 자연' 상태를 말한다. 또 '도체에 구분이 없었다'는 '경지(境地)의 자연'과 '가치의 자연'을 뜻한다. 그렇기 때문에 혼돈이 죽자 큰 물고기 곤은 큰 새 붕으로 변할 수 있었다. 이처럼 앞뒤 상황은 매우 자연스럽게 호응할 뿐만 아니라 서로를 더욱 돋보이게 만든다. 따라서 "장자가 이에 큰 슬픔을 이기지 못했다."라는 선영의 잘못된 한탄은 당연히 수정되어야 한다. 혼돈의 죽음은 곧 '변화하여 새로 태어날' 가능성을 나타내기 때문이다.

이번에는 이 우언을 '장자가 나비의 꿈을 꾼' 우언과 비교해 보자. 중앙의 제왕이 미처 분화되기 이전 상태인 혼돈은 '장자는 장자였고 나비는 나비였던' 경우에 해당한다. 남해와 북해의 왕이 혼돈에게 일곱 개의 구멍을 뚫음으로써 어둠의 상태에서 벗어난 상황은, '장자는 장자가 아니었고 나비는 나비가 아닌' 경우에 상응한다. 혼돈의 죽음으로 인해 일체의 분별이 없는 천지(天池)의 경지로 바뀐 상황은, '장자는 여전히 장자였고, 나비는 여전히 나비였다.'라는 깨달음과 일맥상통한다. 이로써 우리는 '도가 하나로 통했다(道通爲一)'는 것을 느낄 수 있다.

이를 통해 도가에서 말하는 '도법자연(道法自然)'에서 '자연(自然)'이란, '스스로 자신을 따른다'는 가치를 내포하고 있음을 알 수 있다. 즉, '변화(化)'의 수양을 통해 이룩한 경지로서의 자연을 가리킨다. '곤은 너무 커서 몇 천 리나 되는지 알 수 없었다. 곤은 변하여 새가 되었는데, 그 이름을 붕이라고 했다.'라는 《장자》의 구절과, '크면서 남을 감화시키는 사람이 성인이다(大而化之之謂聖).'라는 《맹자》의 구절을 살펴볼 때 도가와 유가 모두 형체와 기운, 물욕의 자연현상에서 출발하여, 수양을 통해 자아를 변화시키고 한 차원 높은 경지로 끌어올림으로써 마침내 천도를 실현하려고 노력했음을 알 수 있다.

제8장

숙산무지(叔山無趾)의 미몽(迷夢)과 깨달음

- 발뒤꿈치를 끌며 공자를 만나다

자기 스스로를 구속하면 천하도 구속당한다.

자기 스스로를 풀어주면 천하도 자유로워진다.

인생의 방황은 스스로를 구속하고 괴롭히기 때문에 시작된다.

스스로를 풀어주어야 진정한 자유로움이 찾아온다.

하늘은 만물을 가리고 땅은 만물을 싣는다

이 우언은 '덕충부(德充符)' 편에 나온다. '덕충부' 편에 등장하는 모든 우언의 주인공은 몸이 온전하지 않은 장애인이다. 장자는 '몸이 온전하지 않다(形不全)'라는 비유를 통해 '덕불형(德不形, 덕에는 일정한 모양이 없다.-역자 주)'이라는 수양법을 논하고 있다. 덕에는 일정한 외재적 형태가 없기 때문에(德不形於外) 내재적으로 충만해 있다(德充於內). 이는 《도덕경》의 '높은 덕은 덕이 아니라서 오히려 덕이 있다(上德不德 是以有德).'라는 이치와 일맥상통한다. '부덕(不德)'은 덕에 일정한 외재적 형태가 없다는 말이고, '유덕(有德)'은 덕이 내재적으로 충만해 있다는 의미다. 노자는 이처럼 '부덕'이 지닌 제거작용을 통해 '유덕'이 지닌 '자연'의 아름다움을 보전하려고 했다. 장자는 '덕불형어외'의 수양방식을 통해 내부를 충만하게 하고, 나아가 본덕과 천진을 보전하는 '덕충어내'를 실현하려고 했다.

이 우언은 다음과 같이 시작한다.

죄인의 발뒤꿈치를 베어버리는 월형(刖刑)을 받아 발을 절게 된 숙산무지(叔山無趾)라는 '노(魯)나라 사람이 공자를 찾아왔다.'

노나라 숙산(叔山)이라는 곳에 발꿈치가 없는 사람이 살고 있었다. 그는 발뒤꿈치를 끌며 공자를 만나러 왔다. 장애로 인해 무척 힘겹게 걸어오는 그의 모습을 보면서 공자는 안쓰럽다는 듯이 말했다.

"그대는 말과 행동을 조심하지 않고 자신을 지키는 법을 모르는 것이 분명하구나. 그래서 이런 화를 당했고 결국 발꿈치가 잘리는 고통을 겪지 않았는가! 비록 오늘 나를 찾아오기는 했지만 너무 늦은 것이 아닌가?"

사람을 계도하려는 성인(聖人)은 그의 잘못까지도 감싼다. 공자의 이 말은 그가 좀 더 일찍 자신을 찾아왔더라면 화를 면할 수 있었다는 취지였다. 공자는 깊은 연민을 느꼈지만 이미 엎질러진 물일뿐이었다. 마치 병원에 가기를 주저하다가 병을 키우고, 때를 놓쳐 병원을 찾아온 환자에게 의사가 꾸지람을 하는 경우와 비슷하다.

하지만 공자의 진심어린 연민의 말을 듣고 숙산무지는 화를 내며 반발했다.

"제가 비록 어리고 행동이 경망스러워 수양하지 못했고 무의미하고 가치 없는 일에 시간과 노력을 쏟았다가 다리를 잘리고 말았습니다. 하지만 제게 그것은 이미 지나간 일일 뿐입니다. 제가 오늘 찾아온 이유는 다리보다 훨씬 소중한 생명과 인격과 관련하여 선생님께 가르침을 청하기 위해서입니다. 저는 오랫동안 제 삶의 상처를 치유하는 데 노력했습니다. 그런데 선생님께서는 어떻게 지금 저의 좋은 점은 보지 못하시고 과거의 제 상처만 바라보십니까? 원래 저는 선생님을 하늘과 땅처럼 존경해왔습니다. 하늘은 덮어주지 못하는 것이 없고 대지(大地)는 실어주지 못하는 것이 없습니다. 그런데 선생님께서 이렇게 속세의 눈으로 저를 대하실 줄은 몰랐습니다. 어떻게 제 과거의 괴로움과 장애를 입은 발만 보시고, 오랜 기간의 수양을 통해 내면을 충실하게 하여 새롭게 거듭난 현재의 저는 보시지 않으십니까?"

고통 속에 살고 있는 장애인이었지만, 그는 이처럼 한눈에 공자의 실제 모습을 간파한 것이다.

길거리에서 길을 잃은 나 자신을 되찾다

공자는 숙산무지의 이런 진심어린 말을 듣고 즉시 잘못을 시인

했다.

"여보게, 이 구(丘, 공자의 이름)가 생각이 너무 짧아서 잘못을 저질렀네. 그저 자네 과거의 고통이 안타까웠을 뿐이네. 하지만 그 후 자네는 수행을 통해 도를 이루었는데, 나는 그 점을 제대로 인정해 주지 않았네 그려. 어서 들어오게. 그리고 지난 세월 자네가 이룩한 수양과 도에 대해 말해주게."

공자는 자신의 부주의와 무심함을 어떻게든지 만회하려고 애썼다. 하지만 제대로 된 칭찬과 인정을 받지 못한 숙산무지의 마음을 돌리지는 못했다.

"비록 오늘 왔지만 너무 늦지 않았나?"라는 말은 가슴을 후벼 파는 너무나 모진 말이었다. 상심한 숙산무지는 그 길로 발길을 돌렸다.

공자는 그를 붙잡지 못했다. 어쩔 수 없이 자신을 '반면교사'로 삼아 제자들에게 말했다.

"숙산무지는 몸이 온전하지 않은데도 오랜 수양을 통해 과거의 잘못을 철저히 고쳤다. 하물며 우리처럼 몸과 마음이 온전한 사람들은 더 말할 나위가 있겠느냐!"

숙산무지는 공자의 집으로 들어가지 않았다. 천하가 비록 넓지만 자신이 의탁할 고인(高人)은 이제 지성선사(至聖先師, '공자'를 가리킨다. -역자 주)와 함께 이름이 드높은 태상노군(太上老君, '노자'를 신격화한 이름)뿐이었다.

그는 노담(老聃) 앞에서 공자에 대한 불만을 쏟아냈다.

"공자는 인격 수양이 아직 부족하여 지인(至人)의 경지에 이르지 못했습니다. 그런데 그는 왜 선생님에게 배우려고 애쓰는 것입니까? 제가 보기에 그는 여전히 속세의 부질없는 명예를 추구할 뿐입니다. 설마 그는 명예가 지인(至人)의 인격수양의 발목을 잡는 장애물이란 사실을 깨닫지 못하고 있는 것일까요?"

그는 여전히 마음속의 분노가 사라지지 않은 듯했다. 그는 공자를 하늘이나 대지라고 추켜세웠지만, 정작 공자는 하늘처럼 자신을 가리지도 못하고, 대지처럼 자신을 싣지도 못했다고 성토했다. 그러면서 이름만 있을 뿐 실체를 볼 줄 모르는 자신의 감정으로 공자의 일생을 논했다.

이 우언에 따르면 공자는 노자에게 도(道)를 물었다. 그런데 여기에서 노자는 《도덕경》의 저자인 노자가 아니다. 그는 예학(禮學)의 전문가이자 매우 지혜로운 사람이며, "예(禮)란 충(忠)과 신(信)의 얄팍한 껍질이며, 혼란의 시작이다(禮者忠信之薄而亂之首)."라며 날카로운 비판을 쏟아낸 인물이다. 따라서 두 노자는 결코 동일 인물이 아니다.

진심이 담겼지만 조금 과격한 숙산무지의 말을 듣자, 노자는 그가 얼마나 큰 마음의 상처를 받았는지, 그리고 그 상처가 아직도 아물지 않았음을 알아차렸다. 그렇지 않았다면 공자가 발을 저는 자신의 모습을 폄훼한 말에 그다지 신경 쓰지 않았을지 모른다.

노자는 허정 속에서 도(道)로 되돌아감을 바라본다는 '허정관복(虛靜觀復)'을 추구한다. 허정심은 마치 맑은 거울과 같다. 거울은 자아가 없으며, 단지 세상 만물을 비춤으로써 만물이 자신의 천진과 본덕을 회복하도록 도울 뿐이다. 결국 노자의 허정심을 통해 자신을 바라봄으로써 마음의 상처를 치유했고, 길거리에서 잃어버린 자기 자신의 본연의 모습을 되찾을 수 있었다.

'함께 공자를 구하자'라는 제안이 숙산무지를 깨우치다

노자는 조용히 경청하며 포용할 뿐 비판하지 않았다. 오히려 그에게 맞장구를 치면서 "공자가 이처럼 도를 따르지 않는다면 우리 함께 그를 구하세."라고 제안했다. 또 "그의 질곡(桎梏)을 풀어줄 수 있지 않았는가?"라고 말했다. 이 말에는 두 가지의 의미가 담겨있다. 첫째, 숙산무지는 공자의 수양이 부족하다고 이야기했는데, 우리는 삶과 죽음이라는 이분법적 집착에 빠진 공자를 구해낼 수 있고, 생과 사에 집착하지 않으면 삶이 고통스럽지 않다는 뜻이다. 둘째, 가능과 불가능에 대한 공자의 이분법적 집착을 깨뜨리자는 의미다. 가능과 불가능이라는 가치 기준에 집착하지 않으면, 불가능의 공포에서도 벗어날 수 있기 때문이다. 마음속에 삶과 죽음, 옳고 그름의 분별이 사라지면 고문을 당하는 듯한 마음의 괴로움과 상처에서 벗어날 수 있다.

"우리 둘이서 공자를 구해내자."라는 노자의 일갈(一喝)은 숙산무지에게 큰 깨우침을 주었다. 한번 생각해 보자. 이 세상에 공자를 구해낼 사람이 누가 있을까? 노자 자신도 기껏해야 '도에서 서로를 잊고(相忘乎道術)', '함께 노니는(竝行同遊)' 수준에 지나지 않는다. 노자의 이런 훌륭하지만 황당한 제안에 숙산무지는 크게 깨달았다. 그리고 삶의 본연으로 되돌아와 '무기(無己)', '무공(無功)', '무명(無名)'의 본덕과 천진을 회복할 수 있었다. 그 결과 "하늘이 내린 형벌인데 어떻게 벗어날 수 있겠습니까?(天刑之, 安可解)"라는 진심어린 말을 할 수 있었다. 공자 또한 "나는 하늘의 벌을 받은 사람이다(天之戮民)."라고 말하기도 했다.

여기에서 '하늘의 형벌'이란, 비유적인 표현으로 하늘이 공자에게 부여한 '사명감'을 가리킨다. 그러니 공자에게 그 사명감에서 벗어나도록 만들 사람은 있을 수 없다.

자신을 내려놓으면 천하를 내려놓을 수 있다

맹자는 인의예지(仁義禮智)의 본질을 이렇게 말했다.

"천명(命)이지만 인간의 본성(性)이 들어있다. 그러므로 군자는 그것들을 천명이라고 부르지 않는다(命也 有性焉 君子不謂命也)."

하늘(天)의 명령이고, 이는 인간의 노력으로 극복할 수 없이 한계가 주어지므로 일종의 '형벌(刑)'이다. 따라서 인의예지의 본질을 '하

늘이 형벌을 내린 것(天刑之)'이라고 표현한 것이다. 또한 '군자는 그
것들(인의예지)을 천명이라고 부르지 않는다.'라고 함은 숙산무지가
말한 '어찌 벗어날 수 있겠는가?(安可解)'의 의미와 일맥상통한다.

우리가 따라야 할 본성(性)은 무한하다. 하지만 우리가 짊어져야
할 기명(氣命), 즉 천기(天氣)가 유행하여 만물의 기질(氣質)로 나타나
는 것은 유한하기 때문에 인생에는 늘 후회가 남는다. 그것은 벗어
날 수도 없지만 그렇다고 벗어날 필요도 없다. 그저 해야 할 일을
열심히 하고, 맡은 바 해야 할 직분을 다하며, 책임을 성실히 이행
하면 된다.

숙산무지는 공자를 구속하고 있는 질곡이 자신의 '마음속'의 질곡
임을 곧 깨달았다. 공자가 하늘의 형벌을 벗어날 수 없듯이, 자신도
자신의 마음속의 질곡을 벗어날 수 없었다. 공자를 구출하자고는
말했지만 사실 시급히 구출해야 할 사람은 숙산무지 자신이었다.
이렇게 그는 마음속에서 공자에 대한 불만의 마음을 내려놓았고,
이어 마음속에 자리 잡고 있는 질곡도 벗어던졌다. 사실 우리 인간
은 이 세상을 살아가면서 자기 자신을 얽어매고, 세상을 얽어매고
있다. 인생에서의 방황과 미몽은 스스로를 옥죄고 괴롭히기 때문에
찾아오고, 인생의 깨달음은 자신을 구속으로부터 풀어주고 스스로
만족하는 데서 얻을 수 있다. 그리고 인생의 방황에서 벗어나 깨달
음으로 나아가야만 스스로를 구원할 수 있다.

제9장
방내, 방외에서 함께 노닐다
– 도(道)의 세계에서 서로를 잊다

서로 잊음(相忘)은 서로를 내려놓는 것이다.

너는 나를 등에 태울 필요 없고, 나 또한 너를 짊어질 필요가 없다.

집착하지 않으면 부담에서 벗어날 수 있다.

네가 나를 잊었듯이 나 또한 너를 잊었다.

모든 것이 지금 현재에 있다.

따라서 지금 이 순간 모든 것을 내려놓을 수 있다.

방내와 방외의 상이한 가치관

이 우언은 '대종사(大宗師)'편에 나온다. 방외(方外, 이 세상 밖, 즉 '아무런 구속이 없이 완전히 자유로운 세계'를 가리킨다.–역자 주)에 머물고 있는 세 명의 고인(高人)인 자상호(子桑戶), 맹자반(孟子反), 자금장(子琴張)이 함께 이야기를 나누었는데, 그 내용이 마치 공동성명서의 문구 같았다.

'서로 교제하지 않으면서 교제하고(相與於無相與), 서로 위하지 않

으면서 위하는 것(相爲於無相爲)을 추구하는 사람들이라면 서로 친구가 될 수 있다.'

친구의 도는 첫째, 서로 교제해야 하고(相與), 둘째, 서로를 위해야 한다(相爲). 전자는 동행하는 것이고, 후자는 서로를 성원하고 지지하는 것이다. 동행하려면 시간을 내야 하고 성원하려면 행동으로 옮겨야 한다.

이렇게 시간이 흐르면 자연히 서로에게 얽매이고 구속된다. 따라서 '무(無)'의 지혜를 덧붙임으로써 그 문제를 해결한다. 즉, 무심으로써 교제하고 성원해야만 마음속에 집착이 생기지 않고 서로에게 얽매이지 않게 된다. 이것이야말로 진정한 교제와 성원이며, 이를 실행할 수 있는 사람만이 진정한 친구가 될 수 있다.

또 다른 질문을 던져보자. 누가 천지와 동행할 수 있고, 만물과 동행할 수 있으며, 삶과 죽음을 구분하지 않을 수 있는가? 또 누가 생사의 집착과 분별을 없애고, 영원한 자유와 '소요유(逍遙遊)'를 얻으며, 고통 및 상처를 영원히 잊을 수 있는가? 그렇게 할 수 있는 사람만 친구가 될 수 있다. 그렇지 않을 경우 우리의 교제는 살아서 이별하는 슬픔과 죽어서 이별하는 고통에서 결코 벗어날 수 없다.

세 사람은 마음이 통했고 서로 바라만 보아도 웃는 사이여서 좋은 친구가 되었다. 얼마 지나지 않아 자상호가 죽었는데, 그의 죽음은 세 사람에게는 행운이었다. 마음속으로부터 생사의 어두운 그림자를 이미 제거했으므로 친구의 죽음은 결코 슬픔이나 고통이 아니었다. 마치 천지와 자연이라는 옛집(老家)으로 돌아간 것과 같아서 슬픔에 집착하지 않고 평온하게 이별할 수 있었다.

공자는 그 소식을 듣고 제자 자공(子貢)을 보내 장례식을 돕도록 했다. 그가 장례식장에 도착해 보니 다른 두 사람의 고인은 노래를 부르며 거문고(琴)를 타고 있었다. 그들은 함께 조화를 이루어 노래를 부르면서, "자네는 생명의 진실(眞實)로 되돌아갔지만 우리는 아직도 인간 세상에서 헤매고 있다네."라고 말했다.

그 모습을 보며 자공은 이해가 가지 않는다는 듯이 물었다.

"아직 장례식이 끝나지도 않았는데, 어찌 거문고를 타며 노래를 부르십니까? 이것이 예(禮)에 맞습니까?"

그러자 두 사람의 고인은 침착한 표정으로 반문했다.

"그대는 예의 본질을 아시는지요?"

하지만 자공이 질문한 '예' 또는 '예제(禮制, 상례(喪禮)에 관한 제도-역자 주)'와 두 사람의 고인이 대답한 '예'의 속성은 전혀 다르다.

천지를 자유롭게 노니는 방외 고인

실망한 채 돌아온 자공은 보고 들은 내용을 공자에게 알린 뒤 이렇게 말했다.

"스승님, 저는 도저히 이해할 수도 없고 받아들일 수도 없습니다. 그들은 도대체 어느 유파 사람들일까요? 그들은 수행을 함에 있어서 어떠한 예제나 예속(禮俗)에도 얽매이지 않았습니다. 마치 인간의 형체를 있어도 그만, 없어도 그만인 존재로 여기는 듯합니다. 세상을 떠난 친구를 앞에 두고 거문고를 타고 노래를 불렀습니다. 더구나 표정도 그리 슬퍼 보이지 않았습니다. 스승님, 그들은 도대체 누구입니까?"

공자가 대답했다.

"우리는 예법 안에서 노닐지만, 그들은 예법의 밖에서 노니는 사람들이네. 예법의 안과 밖은 거의 만날 곳이 없지. 그런데도 자네에게 조문을 보냈으니 내가 생각이 짧았네 그려."

그는 이어서 말했다.

"그들은 자연이 만든 공간에 몸을 던져 천지 사이에서 노닐려고 하네. 게다가 삶을 거추장스럽고 쓸데없는 것으로 여기고, 죽음을 고통이 사라진 것으로 생각한다네. 그들의 마음속에는 삶과 죽음의 구분이 없고, 세상 만물은 다양한 형체를 잠시 빌려 존재한다고 여기며, 마음은 일체의 분별에서 벗어난 천도 안에 의탁하고 있지. 간과 쓸개, 귀와 눈 등의 감각기관은 잊은 지 오래이고, 삶과 죽음의 무한한 순환은 어디에서부터 시작되었는지 알 수 없다네. 그들은 속세에 물들지 않고 그 밖에서 한가로이 노닐며, 속세의 일에도 결코 방해받지 않는 '방외'의 고인(高人)이지. 그러니 그들이 어떻게 속세의 예법과 예속에 얽매이고, 그 안에서 자신을 세상 사람들 앞에 보이려고 하겠는가?"

이처럼 성인(聖人) 공자는 은둔의 삶을 즐기는 그들의 마음과 기분을 잘 이해하고 있었다. 또한 방내인(方內人)들의 마음뿐만 아니라 방외인(方外人)들의 기(氣)와도 함께할 줄 알았다. 그래서 "이 모두가 나의 잘못이다."라고 말할 수밖에 없었다.

하지만 스승이 이렇게 방외의 고인들에게 찬사를 보내자, 자공은 어리둥절할 수밖에 없었다. 심지어 공자가 유가사상을 개창할 당시의 초심을 잃은 것이 아닐까 의심마저 들었다. 그래서 즉시 공자에게 어떤 인생을 추구해야 하는지 물었다.

"스승님께서 이렇게 방외의 고인을 칭찬하실 줄 몰랐습니다. 그래서 감히 묻습니다. 스승님은 방내(方內, 이 세상 안, 즉 '인간 세상'을 가리킨다.-역자 주), 방외 가운데 어느 것을 따르십니까?"

공자, "나는 하늘의 벌을 받은 사람으로, 이 세계(方內)에 머물고자 하네."

이는 유가의 대스승과 제자들이 어떤 인생을 추구해야 하는가에 관한 문제다. 자공은 "스승님은 어떤 길을 따르겠습니까?"라고 물었고, 공자는 에두르지 않고 명확하게 대답해야 했다. 장자는 이 우언에서 공자를 주인공으로 내세워 자신의 대변인으로 삼았다. 그렇다고 그를 조롱하거나 마녀사냥 식으로 비하하지 않았다. 그것은 공자에 대한 큰 불경(不敬)이기 때문이다. 따라서 우언 속에서 공자가 한 말과 행동은 장자 자신의 생명관을 잘 반영하고 있다.

"나는 하늘의 벌을 받고 있는 사람이라네. 하지만 나는 자네와 함께 이 세계(方內)에 머물겠네."

이 말은 매우 의미심장하고 감동적이다. 공자는 자신이 하늘의 벌을 받은 사람이며, 당연히 이 세상에 머물겠다고 단도직입적이고 명쾌하게 말했다. 즉, 방내는 세상 사람들을 기존의 틀 안에 가둔 채 주어진 배역과 기능을 수행한다. 항상 책임을 지고, 속세의 번잡함에 함께 머문다. 노자는 "세상의 티끌과 뒤섞인다(同其塵)."라고 말했다. 즉, 치국(治國)과 평천하(平天下)를 위해서는 스스로 속세의 티끌과 뒤섞여야 한다. 이 속세는 마치 티끌과 같으며, 이는 이 세상을 살아가는 모든 만물의 공동 운명이다. 따라서 공자는 비록 큰 책임을 짊어져서 고생스럽지만, 유가의 스승과 제자들로서 이 세계(방내)의 도(道)를 함께 지켜나가자고 말한 것이다!

유가와 은자(隱者)의 대화

《논어》 '미자(微子)'편에는 다음 이야기가 나온다.

자공(子貢, B.C. 520?~456?)은 공자를 수행하던 중 뒤처져서 가다가 어떤 노인을 만났는데, 그는 지팡이로 삼태기를 메고 있었다. 자로가 물었다.

"혹시 어르신께서는 저희 스승을 보셨는지요?"

그러자 노인은,

"사지(四肢)를 부지런히 놀리지 않고 오곡(五穀)을 분별하지 못하는데, 누가 스승이란 말이오?"

라며 머리를 숙인 채 잡초를 뽑았고, 그의 말에는 신경조차 쓰지 않았다. 그 말에 자로는 공손하게 두 손을 마주잡고 읍(揖)을 한 채 한쪽에 서 있었다. 노인은 자로를 하룻밤 묵어가게 하면서 닭을 잡고, 기장(黍)밥을 지어 대접했으며, 자신의 두 아들을 불러 인사시켰다. 이는 유가와 은자 사이의 직접적인 만남이자, 선의(善意)의 소통이었다.

다음 날 자로가 공자를 뒤쫓아 가서 전날 있었던 일을 이야기했다. 그러자 공자는,

"은자로다."

라고 말했다. 그리고 즉시 노인에게 되돌아가 감사의 인사를 드리도록 했다. 그러나 안타깝게도 노인과 그 가족은 이미 떠나고 없었다. 노인은 자로와 대화를 나누면서 스승인 공자의 도량과 기개를 잘 파악했을 것이다. 그래서 즉시 세상을 버린 채 몸을 숨겼고, 누추한 풀집에 살면서 숨어 살려고 마음먹었을지 모른다. 마치 초(楚)나라의 광인(狂人) 접여(接興)가 노래를 부르며 공자 앞을 지나갔듯이, 공자에게 붙잡혀 이야기를 나누고 싶지 않았던 모양이다. 그랬다가는 그에게 설득당하고 속세를 벗어나 은둔하려는 계획이 흔들릴 수도 있으니까 말이다.

하지만 자로는 노인과 그 가족이 멀리 가지 않았다고 여겼다. 그래서 잡초가 가득한 들판을 바라보며 혼잣말로 중얼거렸다.

"도(道)가 행해지지 않고 있음은 전부터 이미 알고 있었거늘…"

대도(大道)가 현실 세계에 실현되고 있지 않는다는 사실은 우리 모두 잘 알고 있다. 문제는 결국 가능성의 여부가 아니라 당위성의 여부이다. 마치 은자 신문(晨門)이 공자는 "해서는 안 된다는 점을 잘 알면서도 했다(知其不可而爲之)."라고 말했듯이, 현실적으로 불가능한 일이어도 가치 있는 일이라면 힘써서 해야 한다. 이처럼 《장자》의 우언에 등장하는 공자는 '선비는 도에 뜻을 둔다(士志於道).'라는 자신의 이상을 구현하고 있으며, 이는 《논어》가 추구하는 유가의 이상에도 잘 부합한다.

방내와 방외는 서로를 잊었지만 함께 노닌다

만족할 만한 답을 얻은 자공은 한 걸음 더 나아가 공자에게 어떤 지혜를 추구해야 하는지 물었다. 공자가 대답했다.

"물고기는 물에서 살고 사람은 도에서 산다. 물에서 사는 생물은 연못을 파주면 충분히 살아갈 수 있고, 도에서 사는 존재는 세상일을 버리면 마음이 편안해진다. 그래서 말하기를, 물고기는 강이나 호수 속에서 서로를 잊고, 사람은 도의 세계에서 서로를 잊는다고 한다."

이 우언은 물고기와 물의 관계, 사람과 도의 관계를 통해 서로를 잊어야 진정한 마음의 평화를 얻을 수 있음을 이야기하고 있다. 즉, 물고기는 물속의 양분을 얻음으로써 스스로 살아가고, 인간은 도 안에 살면서 삶의 자유와 안정을 얻을 수 있다. 또한 물고기는 자신이 살고 있는 강이나 호수 속에 있으면 자신과 주변 환경의 관계를 잊을 수 있다. 인간 역시 인간이 머물러 있는 도 안에서 서로를 잊을 수 있다. '서로를 잊는다(相忘)'란, 서로를 내려놓는다는 뜻이다. 즉, 너는 나를 책임지거나 신경 쓸 필요가 없다는 의미다. 물고기 입장에서 '물'은 모든 아름다움의 원천이고, 인간 입장에서 '도'는 모든 가치가 의탁할 곳(依歸)이다. 물과 도는 일체(一切)이고, 일체는 지금 이 순간 존재하고 있다. 따라서 지금 이 순간 일체를 내려놓을 수 있다. 나와 타인 사이에는 '상망(相忘)'이지만, 개인의 수양 측면에서는 '좌망(坐忘)'이다. 여기에서 '좌(坐)'는 '앉자마자', '방금 전'이라는 의미다.

유가는 방내에서 노닐고, 도가는 방외에서 노닌다. 유가의 도와 도가의 도는 '서로를 잊을' 수 있고, 함께 노닐 수 있다. 《장자》'제물론'편에는 유가와 묵가(墨家)의 시비관(是非觀)에 견줄 수 있는 다원적 가치관이 제시되어 있다. 대표적으로 나만 옳다고 주장하지 않고 그 상황에 따라 옳음을 인정하는 '인시(因是)', 옳고 그름을 사용하여 대립을 조화시킨다는 '천균(天鈞)', 이 둘을 결합한 개념으로 나도 옳고 상대방도 동시에 옳음을 인정하는 경지인 '양행(兩行)'이 있다. '대종사'편은 유가와 도가의 도가 '서로를 잊을' 수 있고 양립할 수 있는 개방성을 보여준다. 유가와 묵가는 모두 '오류 없는 올바름'을 추구하고, 유가와 도가는 '서로를 잊고 함께 노니는 것'을 추구한다. 이는 혼란한 전국시대(戰國時代, B.C. 475~221)를 살았던 장자가 만들어낸 최고의 지혜와 호방한 기개를 잘 보여준다.

우언의 맨 마지막에 자공은, "그러면 기인(畸人)에 대해 말씀해 주십시오."라고 요청했다. 자공은 여전히 그 세 사람의 방외 고인을 마음속으로부터 내려놓지 못했다.

공자가 대답했다.

"기인이란, 홀로 서서 스스로를 속세의 이치 밖으로 내쫓은 사람이다. 그러면 자신을 어디에 의지하는가? 기인은 사람과는 다르고 오히려 하늘과 같다."

즉, 그들은 일반 사람들과는 다르지만 하늘과 같기 때문에, 속세의 관점에서 보면 예속(禮俗)을 탈피하는 소인처럼 보일 수 있다. 하지만 천도의 관점에서 보면, 그들은 천진을 구현한 군자이다. 인간은 이 세상에 거처하면서 각자 삶의 역정을 펼쳐나간다. 그때 마지막으로 의지할 곳은 어디인가? 그것은 다름 아닌 천도와 자연이다.

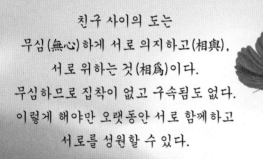

친구 사이의 도는
무심(無心)하게 서로 의지하고(相與),
서로 위하는 것(相爲)이다.
무심하므로 집착이 없고 구속됨도 없다.
이렇게 해야만 오랫동안 서로 함께하고
서로를 성원할 수 있다.

II

인간 세상에서
한가로이 노닐다

– 《장자》를 읽으며 인생을 말하다

전통을 현대적으로 재해석하고
고전을 우리의 삶 속으로 끌어들이다

 필자가 노자와 장자를 강의한 지도 어느덧 40여 년이 흘렀다. 1972년 대만 푸런(輔仁)대학 철학과에서 처음 노장사상을 가르치기 시작한 이후 지금까지 단 한 번도 중단한 적이 없다. 하지만 필자가 집필한 노장사상 관련 책은 최근에야 출간되었다. 대부분의 다른 학자들은 40~50대 중장년이 되면 서둘러 책을 출간해 영향력을 과시한다. 사실 대학 교수들은 전성기 때 책을 출판하면 베스트셀러에 등극하는 경우가 많다. 하지만 필자의 경우는 반대로 은퇴할 무렵에야 겨우 책을 세상에 내놓았다. 먼저 나 자신에 책임을 지기 위해서였고 선배들에게도 누를 끼칠 수 없었기 때문이다.

 왜냐하면 《도덕경》, 《장자》와 같은 고전은 평생 동안 연구하고, 체험하고, 깨달아야 하기 때문이다. 물론 필자는 노장사상에 관한 논문과 책을 많이 썼다. 하지만 《도덕경》, 《장자》 해설서를 집필하는 것은 무척 어려웠다. 한 글자 한 글자에 책임을 져야 하고, 과거 학자들의 주해(註解)를 참고해야 하며, 노장사상 전문가들의 다양한 관점을 소화한 후에 마지막으로 이를 현대적 의미로 재해석해야 하기 때문이다.

필자는 책을 집필하면서 두 가지 원칙을 정했다. 첫 번째, '전통을 현대적으로 재해석하기'였다. 수천 년의 전통을 자랑하는 고전을 현대로 끌어와 생명을 불어넣는 것이다. 두 번째, '고전을 우리의 삶 속으로 끌어오기'였다. 《도덕경》, 《장자》는 고전 서적이지만 현대의 삶과 결코 무관하지 않다. 따라서 고전은 현대의 삶에 접목하면서 읽어야 한다. 만약 고전과 전통을 현대의 삶 속으로 끌어오고 나아가 우리의 삶에 녹여내지 않는다면, 그 고전은 단지 죽은 과거의 책에 불과하다. 이 과정에서 가장 중요한 포인트는 현대의 삶과 어떤 연관성이 있고 어떤 의미가 있는가이다. 따라서 필자는 고전을 현대적으로 재해석하면서 지난 2000년간의 학술적, 문화적 전통을 무시한 채 단순히 개인적 체험에만 의지하지 않았다. 그래서 대학 강단에서 《도덕경》, 《장자》를 강의하는 한편, 필자 자신의 체험을 통한 해석을 게을리하지 않았다. 그 결과 은퇴를 앞둔 시점이 되어서야 겨우 이 책을 세상에 선보일 수 있었다.

필자가 재해석한 부분은 《장자》 33편 가운데 가장 대표적인 9편으로, 내편(內篇)의 7편과, 외편(外篇)의 추수(秋水)편, 잡편(雜編)의 천하(天下)편이다. '추수편'은 문학예술의 정수(精髓)로, '천하편'은 제자백가의 집대성이자 결정판으로 평가받고 있다.

　독자들 중에는 진융(金庸, 1924~) 선생의 무협소설을 진정한 고전으로 여기는 분이 적지 않으리라 생각한다. 여러분이 필자의 책을 읽어보면 무협소설 주인공의 스토리나 의미심장한 말을 동원해 현대적 감각으로 되살리려는 필자의 노력이 느껴질 수도 있다. 《삼국연의(三國演義)》나 《홍루몽(紅樓夢)》처럼 독자에게 익숙한 책이나 화제를 통해 대화를 전개하는 것이 효과적이라고 판단했기 때문이다.

　《장자》 9편(編)을 해설하면서 각각을 다시 여러 개의 항목으로 구분했는데, 이는 각 편의 분량이 너무 길어 요지 파악이 어렵기 때문이다. 또한 각 항목은 여러 개의 소항목으로 구분했다. 이런 세분화를 통해 각 편의 이론적 구조를 명확히 드러냈다. 그리고 앞부분에서 논한 내용이 금방 잊혀지는 것을 방지하기 위해 각각의 편이 바뀔 때는 앞편과 뒤편이 유기적으로 연결되도록 신경 썼다. 따라서 필자가 선정한 각 편은 정독하는 것이 바람직하다. 이는 문학의 보고(寶庫)이자, 철학적 지혜를 집대성한 것이다. 장자는 중국의 대문호이자, 위대한 사상가 및 철학자이다. 장자의 책을 읽으면서 우리는 전통을 현대에 되살려야 한다. 나아가 우리의 삶을 현대적으로 재해석할 수 있어야 한다.

인생은 지금 이와 같고,
언제 어디서든 이와 같다.
온 마음을 다해 열심히 노력하기만 하면
자유로운 하늘을 만들어낼 수 있다.

제1장

바쁘고(忙), 막막하고(茫),
불투명한(盲) 삶의 고통에서 벗어나다

물욕(物慾)에 사로잡혀 하루하루 너무 바쁘다.

정(情)에 사로잡혀 너무 정신없고 막막하다.

마음의 문을 닫아버려 마음속이 불투명하고 모호하다.

몸(身), 마음(心), 정신(靈)의 고통은 바로 여기에서 시작된다.

몸과 마음, 정신의 고통

2000여 년 동안 사랑받아온 《장자》는 훌륭한 우언으로 가득하다. 각 편(篇)과 그 안의 세부 내용도 모두 훌륭하고 흥미진진한 이야기로 채워져 있다. 지금부터 필자는 바쁘고, 막막하고, 불투명한 현대인의 삶에서 출발하여 몸과 마음, 정신의 세 가지 차원에서 삶의 고통을 상세히 논해보려고 한다. 그리고 이는 자연과학, 사회과학, 인문학 등 학술적 분석에 근거하여 구분했다. 자연과학이나 사회과학과는 달리 인문학은 '과학'이라는 용어가 어울리지 않는다. 실험과 통계 등을 통해 계량화하는 연구 방법이 인간의 마음과 정신을 다루는 인문학에는 적합하지 않기 때문이다.

학술적 분석에 따르면 인간은 세 가지 신분을 갖는다. 첫 번째 신분은 인공적으로 만들어지지 않고 저절로 생겨서 자연계에 존재하는 사물인 '자연물(自然物)'이다. 이는 형체(形), 기운(氣), 물욕(物慾)으로 구성된 물리적이고 구체적인 '몸(身)'이다. 두 번째 신분은 '사회인'이다. 우리는 군중 속에서 인간관계를 맺으며 일생을 살아간다. 또한 사회적 책임을 수행하고 개인적인 꿈을 추구한다. 이 과정에서 서로 간에 경쟁이 치열해지면 극심한 스트레스와 좌절을 경험하기도 한다. 이는 심리 반응을 보이는 '마음(心)'이다. 세 번째 신분은 '인문적 마음(人文心)'이다. 원래는 정신(靈)을 논하려고 했는데, 정신은 우리가 전통적으로 다루어온 심령(心靈)이나 성령(性靈) 등을 말한다. '사회인'의 '마음'과 '인문적 마음'의 '정신'은 서로 다른 차원에 속한다. 지금 필자가 다루는 '인문적 마음'은 인간의 삶의 주체로서, 인생의 방향을 결정하고 또 인생에 추진력을 제공할 수 있다. 반면 '사회인'의 '마음'은 위기에 대처하는 심리적 반응에 불과하며, 스트레스를 받아 좌절하고 온갖 부정적인 정서가 쏟아져 나오기 때문에 때때로 억울함을 느끼거나 깊은 상처를 받기도 한다.

현대인의 삶을 '몸', '마음', '정신'의 세 가지 차원에서 분석하기로 한 만큼, 이를 먼저 세 가지 특징으로 묘사해 보자. 첫째, 인간은 하나의 자연물로서 매우 바쁘게 살아간다. 둘째, 인간은 사회인으로서 속세의 교차로에 서서 막막함을 느끼고 있다. 셋째, 인문적 마음이라는 측면에서 볼 때 우리 인간은 몰입과 탐닉에 빠져 스스로를 가두고 있다. 그래서 마음이 제대로 작동하지 못한 채 불투명해진다. 현대인이 맞닥뜨리는 삶의 고통은 이와 같이 '바쁨(忙)', '막막함(茫)', '불투명함(盲)'의 세 단어로 특징지을 수 있다. 자연인으로서 우리는 너무나 바쁘게 살아간다. 버티기 어려울 정도로 바빠 '번아웃증후군(burn-out syndrome, 신체적·정신적으로 자신의 모든 에너지를 쏟아 부어 무기력증에 빠지는 현상. '탈진증후군'이라고도 한다.-역자 주)'에 걸린 사람이 속출할 정도이다. 사회인인 인간은 막막함 때문에 불안정하고 불안한 심리 상태에 빠진다. 이는 마치 뗏목 하나에 의지한 채 망망대해를 표류하거나, 자유를 빼앗긴 채 세상을 떠돌아다니는 심리에 비유할 수 있다. 인문적 마음이라는 관점에서 볼 때 우리의 마음은 우리 자신의 진정한 주인이 되지 못한 채 인생의 비전도, 이상도 제시해 주지 못한다. 그래서 우리 자신을 구속하고, 불투명하고, 불명확한 상태에서 벗어나오지 못하게 만든다.

바쁘고, 막막하고, 불투명한 현대인의 세상

바쁘고, 막막하고, 불투명한 오늘날의 사회는 현대인이 겪는 몸과 마음의 고통을 초래한 원흉이다. '자연물'인 인간이 하루하루를 너무나 바쁘게 살아가는 이유는 물욕에 구속되어 있기 때문이다. 사람과 사람이 부대끼며 살아가는 이 사회에서는 정(情)의 교류와 상호작용이 매우 중요한 역할을 한다. 하지만 사랑과 우정 등의 '정'에 이끌리면 오히려 마음의 짐이나 구속이 된다. 인간관계는 왜 이처럼 긴장의 연속일까? 치열한 경쟁 때문에 서로 감정의 상처를 입히거나 받다보니 오해가 자주 생기기 때문이다. 마음속에는 풀지 못한 응어리로 가득하고, 심한 경우 화병으로 이어지기도 한다. 이는 마음이 폐쇄되었기 때문에 햇빛을 받지 못해 마음속이 불투명하고 어두워진 상태에 비유할 수 있다. 또 물욕에 구속당하면 우리는 허둥지둥 바쁜 삶을 보내야 한다. '정'에 이끌리면 분별력을 상실하고 삶은 불안정해진다. 순리를 거스르면 마음은 폐쇄되고, 우리는 분별력을 잃고 사리가 어두워진다. 이런 상황이 복잡한 작용을 일으키면서 몸, 마음, 정신의 세 가지 차원의 고통으로 이어진다.

이런 고통은 어떤 후유증을 초래할까? 먼저 '자연물'인 인간이 너무 바쁜 삶을 보내면 불면증과 거식증이 나타날 수 있다. 잠을 자고 음식을 먹는 일은 인간의 본능이다. 잠을 자고 밥을 먹어야 살아갈 수 있다. 필자의 딸이 학창시절 때였다. 수업을 마치고 지친 몸을 이끌고 집에 돌아와 잠에 빠져들면, 아이 엄마는 옆에서 어김없이 잔소리를 했다. 어떻게 된 아이가 집에 오면 공부도 안 하고 잠만 자느냐는 식이었다. 하지만 필자는 아이 편을 들었다. 잠을 잘 자는 것이 얼마나 좋은 습관인지, 잠을 잘 자니 밥도 잘 먹고 얼마나 건

강한지를 역설한 기억이 난다. 현대인의 많은 문제는 불면증과 거식증 등의 형태로 나타나는데, 이는 생명체로서의 본능마저 거부하는 위험한 행동이다. 삶이 너무 바쁘면 우리의 몸은 이런 극단적인 방식으로 저항한다.

두 번째로 사회인인 우리 인간이 심리적으로 '막막함'과 '불안정함'에 지속적으로 노출되면 조울증에 빠질 수 있다. 치열한 경쟁, 예측이 불가능할 정도의 급속한 변화, 가치관의 붕괴 등으로 우리는 심한 정신적 충격과 스트레스를 받고 상황 변화에 제대로 적응하지 못한다. 그래서 우울증이나 조울증에 걸리기 쉽다. 조울증은 자기 자신을 보호하려는 방어기제가 작동하기 때문에 생긴다. 즉, 어떤 일이든 두려워하거나 신경 쓰지 않고, 어떤 문제나 위기가 닥쳐도 담대하게 대처할 수 있다고 스스로를 세뇌해 자신을 초인(超人)으로 변화시키려는 본능적 노력이다. 우울증은 모두가 자신을 싫어한다고 여겨 자존감이 떨어지기 때문에 생긴다. 이런 심각한 자기 비하 때문에 문제나 위기가 닥치면 해결하기보다 회피하려고만 한다. 조울증과 우울증은 표면적으로는 양극단을 달리는 정반대 질병으로 보인다. 하지만 본질적으로는 차이가 없다. 실제로 자기 자신을 부풀리려는 사람은 본질적으로 자신을 비하하는 경향이 있기 때문에 자신을 과시함으로써 초라하고 왜소한 자신의 본모습을 감추려고 애쓴다. 그들은 마음의 안정이 결여되어 있고, 심리적 위축과 좌절을 겪고 있다. 그래서 자만심을 통해 자신을 부풀리려고 하는

데, 이것이 바로 조울증이다.

세 번째로 인문적 마음이 '어둡고 불투명한' 상태는 심리적인 폐쇄 상태에 해당한다. 천리(天理)와 천도의 빛이 마음속까지 비치지 않으므로 마음은 폐쇄되고 집착에 사로잡힌다. 또한 미신이나 주술(呪術), 각종 신비로운 심령현상 등에 과도하게 빠져든다. 지금이 어떤 시대인가? 자연과학과 사회과학이 고도로 발달하여 거의 모든 수수께끼와 의혹을 명쾌하게 해결해 주는 가장 현대화된 오늘날, 미신이나 심령현상에 심취하고 정신을 과도하게 소모하는 방식으로 자신이 원하는 해답을 얻으려고 집착한다. 이처럼 철학은 미신, 무속, 심령 등을 통해서가 아니라 이성(理性)과 합리적 사고를 통해 인생의 해답을 알려준다. 만약 전통을 현대적으로 재해석하고 고전을 우리의 삶 속으로 끌어올 경우, 우리 현대인은 몸과 마음과 정신의 고통에 용감하게 맞설 수 있고 이를 이겨낼 수 있다. 이제부터 우리는 이 세 가지 차원에서 합리적인 해답을 도출하자.

강건한 종교는 햇빛을 비추고
섬세한 종교는 그림자를 없앤다

세 가지 차원의 문제에 대해 장자는 어떤 대답을 할까? 장자는 도가의 지혜에 바탕을 두고 문제 해결에 노력했으며, 주술이나 신비로운 방식의 접근은 지양했다. 주술이나 신비로움은 진정한 종교가 아니다. 불교나 기독교와 같은 종교에는 경전이 있다. 즉, 《불경》과 《성경》은 도교의 《도덕경》, 《남화진경(南華眞經)》과 같은 방대하고 치밀한 체계를 갖추고 있다. 또한 《논어》와 《맹자》를 읽으면서 인생을 배울 수 있다. 여기서 한 가지 절대 빼놓을 수 없는 경전이 있는데, 바로 《코란》이다. 《코란》을 무시했다가는 큰일이 벌어질 수도 있다. 아랍인은 자신의 문화와 전통을 목숨처럼 수호하는 사람들이기 때문이다. 이처럼 세계 5대 메이저 종교는 모두 고유의 경전이 있으며, 현대적으로 재해석되어 사람들의 마음속에 깊이 파고들었다.

세계 주요 종교의 상황은 이와 같지만 노장사상만은 좀 특이하다. 인간 세상의 집착과 마음속의 스트레스 해소가 핵심 교리이며, 그런 가운데 진정한 삶을 얻을 수 있다고 가르친다. 불교도 마찬가지여서 '공(空)' 사상을 가르친다. 노장사상은 '무(無)'를 강조하는데, '공'과 '무'는 인생의 부정적인 요소를 해소하는 데 중점을 둔다. 기독교와 이슬람교는 이보다는 좀 더 적극적인 가르침인 '사랑'과 '개척'에 중점을 둔다. 구체적으로 보면 여호와의 사랑과 알라의 사랑, 인간으로서의 사랑과 하늘의 이치, 양심, 아름다운 인생의 개척 등 적극적인 요소가 많고 '찬란한 햇빛'으로 가득하다. 그런데 이런 '찬란한 햇빛'이 비치면 반드시 어두운 그림자가 생기게 마련이다. 우리는 좋은 사람이 되고, 좋을 일을 하며, 큰일에 뜻을 두고, 1등이 되고 싶어 한다. 하지만 우리가 살고 있는 이 세상에는 뜻대로 안 되는 일이 허다하다. 긍정적이고 바람직한 가치 추구의 이면에는 '반드시'라고 해도 좋을 만큼의 부정적이고 바람직하지 않은 결과가 뒤따른다. 그리고 이런 부정적인 정서가 솟아오를 때 대립과 갈등이 표출된다. 긍정적이고 강건한, 찬란한 햇빛 같은 이상은 반대로 큰 충격을 받기 쉽다. 그 경우 우리의 삶은 산 정상에서 밑바닥이나 깊은 골짜기로 곤두박질치며 상상을 초월하는 심각한 고통과 부상을 당한다. 기독교와 이슬람교, 유교는 모두 적극적이고 강건한 종교이다. 반면 불교와 도교는 다소 소극적이고 섬세한 종교이다. 전자의 종교를 믿는 사람들이 자신의 일에서 큰 좌절을 경험하고 한순간에 수많은 난제에 직면할 때, 후자의 종교를 믿는 사람들은 인생의 부정적인 고통을 해소하고 다시 일어날 수 있다. 오늘날 우리는 노자와 장자의 지혜를 이야기할 때 바로 이런 사고방식과 관점에 중점을 두어야 한다.

제2장
나의 삶은 유한하지만 세상은 복잡하다
- 존재의 딜레마

우리는 이 세상을 살아가면서 많은 문제를 만난다.
인간의 삶은 유한하지만 세상은 매우 복잡하다.
삶의 주체로서의 민첩함을 기르고,
나와 타인은 서로 다를 수 있음을 존중해라.
그래야 유한한 삶을 무한한 것으로 바꾸고,
복잡한 것을 단순하게 바꿀 수 있다.

삶에는 끝이 있지만 앎(知)에는 끝이 없다

《장자》에는 인간의 존재와 상황에 관한 묘사가 매우 많다. 그중의 백미(白眉)는 '나의 삶에는 끝이 있지만 앎에는 끝이 없다(吾生也有涯, 而知也無涯).'일 것이다. 그렇다! 모든 인간이 직면한 첫 번째 문제는 삶의 유한성, 즉 '모든 인간은 언젠가는 죽는다.'라는 것이다. 두 번째 문제는 그럼에도 앎에는 끝이 없다는 사실이다. 바꿔 말하면 인간이 당면한 존재와 상황이란, 무한한 '마음'이 유한한 '물질'

속에 구속되어 있다는 점이다. 우리의 마음은 무한하고 정(情)과 이상도 무한하다. 우리의 사랑과 관심 역시 무한한 존재다. 이 세상 전체를 동시에 포용하고 전 세계 인류에게 관심을 가질 수도 있다. 생태계와 환경보호 문제뿐만 아니라 모든 소외계층과 반려동물이 제대로 된 존중과 배려를 받고 있는지 생각하면 우리의 마음은 연민과 간절함으로 가득해진다.

이처럼 인생은 후회와 아쉬움으로 점철되어 있다. 우리는 삶이 아름다움으로 충만하기를 바라지만, 안타깝게도 인생은 단 한 번뿐이고, 길어봤자 100년밖에 살 수 없다. 이것이 바로 '유애(有涯)', 즉 '유한(有限)함'이다. 하루는 누구에게나 공평하게 24시간이다. 당신은 영원히 잠을 안 자고 살 수 있는가? 쉬지 않고 일만 할 수 있는가? 아무리 직업정신이 투철한 교사라도 스스로 버티지 못할 만큼 평생 제자에게 헌신만 하며 살 수 있을까? 부모에게 효도할 때도 마찬가지 문제가 발생한다. 더구나 요즘은 저출산 문제가 심각해서 한두 명의 자녀만 낳는다. 심지어 하나도 많다며 출산을 기피하는 추세이다. 만약 부모님이 큰 병에 걸려 입원하면 집안 경제 전체를 오롯이 혼자 짊어져야 한다. 더 열심히 일해서 가족을 부양하고 어린 자녀도 키워야 한다. 이전에는 이런 문제가 없었다. 주로 대가족이다 보니 집에는 아이들이 매우 많았다. 필자의 경우에도 형제자매가 11명이고 지금도 9명이 생존해 있다. 그러므로 부모님이 큰 병으로 입원하더라도 아들과 며느리, 딸과 사위, 게다가 손자, 손녀들이 있으므로 걱정할 필요가 없었다. 이런 대가족 시스템은 이른바 '생명공동체'를 구성하기 때문에 한 사람 한 사람의 성장과 고난을 함께 도와주고 챙겨준다. 오늘날에는 이 '생명공동체'가 거의 해체된 느낌이다. 이전에는 '같은 땅에 사는 사람은 가족은 아니지만 땅보다 더 친하다(人不親土親).'라는 속담이 있을 정도로 서로를 아끼고 챙겼다. 마을의 어린아이들은 그 마을 사람 모두가 관심을 가지고 함께 양육했다. 지금은 남의 집 아이에게 그런 살뜰한 관심을 가져주는 어른이 몇이나 될까? 나그네를 흔쾌히 받아주고 대접하는 그런 정겨운 마을은 이미 사라진 지 오래다.

자신을 내려놓고 자신과 화해해라

삶이 아무리 힘겹더라도 우리 마음속에는 기댈 곳이 있고 돌아갈 마음의 고향이 있다. 우리는 항상 그곳에 몸을 기대어 휴식을 취하고 재충전을 한다. 하지만 오늘날에는 그 마음의 안식처가 사라졌다. 그렇지 않다면 현대인은 왜 그렇게 바쁘고, 막막하고, 불투명한 삶을 살아야만 할까? 왜 그렇게 심각하고, 불안정하고, 불안한 삶에 내몰려야만 할까?

오늘 우리는 자신의 처지를 동정하고 자신과 화해해야 한다. 절대로 자신을 과도하게 비난해서는 안 된다. 왜냐하면 우리의 이 신체는 유한하기 때문이다. 마음과 사랑, 비난과 이상이 무한하더라도 말이다. 또 만물의 영장인 우리 인간은 하늘을 대신하여 도를 행하고 있기 때문이다. 오늘날 인류는 환경 보호를 외치고 생태계의 균형 회복을 위해 노력하고 있다. 소외계층이나 자신의 권리를 스스로 챙길 수 없는 동물을 위해, 만물의 영장인 인간이 '인문적 마음'을 발휘하여 그들을 보호하고 있다. 물론 마음은 있어도 힘이 따르지 못할 수도 있다. 체력과 기력이 유한하기 때문에 자신이 유한한 존재임을 인정할 수밖에 없다. 우리 인간은 생명을 가진 존재다. 하나의 '자연물'이고 '사회인'이다. 그러면 인생은 어떤 식으로 규정해야 할까? 바로 '하나의 자연물로서 이 세상에 들어와 삶이라는 여정을 영위해 나가는 과정'이다.

이 세상에서 살아가면서 우리 인간은 생명의 유한함과 세상사의 복잡함을 동시에 체험한다. 이 세상에 태어난 이상, 우리는 자신의 유한함을 인정하고 자신과 화해해야 한다. 자신을 내려놓고 스스로를 이해해야 한다. 물론 우리의 부모와 자녀, 남편과 아내도 이해해야 한다. 그들도 나처럼 유한한 존재이기 때문이다.

마음의 집착이 스트레스를 가져온다

이어서 '앎에는 끝이 없다(知也無涯).'라는 구절을 살펴보자. 여기에서 '앎(知)'은 단순한 지식이 아니다. 고전을 현대적으로 재해석하고 우리의 삶으로 끌어들이는 일은 물론 중요하다. 하지만 이 '앎'은 고전을 읽고 지식과 학문을 '알다'라고 말할 때의 '앎'이 아니다. 바꿔 말해서 '앎에는 끝이 없다'란, 도서관에 장서가 무한히 많다는 뜻이 결코 아니다. 유가에서 말하는 '지(知)'는 도가의 '양지(良知)'다. 천리(天理)와 양심(良心)은 선과 악을 반드시 알고 있으며 결코 모를 수가 없다. 서양의 종교 전통에서도 다음과 같이 말할 수 있다.

"주여, 저들을 사(赦)하여 주옵소서! 그들은 자기가 하는 일을 알지 못하옵니다(누가복음 23장 34절)."

이런 기도문은 유교문화권에서는 결코 받아들여질 수 없다. 맹자가 이 말을 듣는다면 화를 내고 비난했을지 모른다. '양지'는 모든 사람이 선천적으로 가지고 태어나기 때문이다.

도가의 경우라면 어떨까? 《도덕경》 제2장에서는 '선(善)을 알고 미(美)를 안다.'라는 부분에서 '지(知)'를 이야기하고 있다. 여기에서 '지'의 주체는 '마음'이고, '지'의 본질은 집착이다. 즉, '선'과 '미'는 가치의 기준인데, 우리의 마음이 이 '선'과 '미'의 가치 기준에 집착하는 것이다. 한걸음 더 나아가 우리는 이 세상 모든 사람에게 나의 기준을 따르라고 요구한다. 만약 기준을 나의 관점이나 상황에 맞춘다면 이는 편견이다. 그리고 그 기준을 다른 모든 사람에게 강요한다면 이는 오만이고 독선이다. 독자 여러분도 한번 생각해 보기 바란다. 여러분은 자신만의 기준을 부모님께 강요한 적은 없는가? 반대로 자녀에게 강요한 적이 한 번도 없는가?

사실 부모와 자녀는 살아온 시대가 엄연히 다르기 때문에 당연히 가치 판단 기준도 다를 수밖에 없다. 그러므로 '앎에는 끝이 없다.'라는 구절의 진정한 의미는 '만약 당신의 마음속에 집착과 생각이 너무 많으면, 가족과 친구에게 큰 고통과 스트레스를 줄 수 있다는 말일지 모른다. 우리의 삶은 유한하다. 우리는 친구를 사귀고 함께 어울리면서 이 세상을 살아간다. 비록 우리 자신은 유한한 존재이지만 우리는 자신을 더 키울 수 있다. 학문으로써 벗을 사귀고, 벗을 통해 인(仁)을 배울 수 있다(以文會友 以友輔仁). 동아리나 동호회에 가입하여 활동하면서 우정과 도의(道義)의 아름다움을 함께 나눌 수 있다. 그러면 우리는 결코 혼자가 아니고 영원히 외롭지 않다. 그래서 우리는 거리로 나간다. 하지만 거리에는 무엇이든지 다 있다. 당신은 무엇이든지 다 가지려고 한다. 바로 이런 갈등 상황이 '앎에는 끝이 없다.'의 진짜 의미이다. 따라서 장자는 우리에게 이렇게 충고하고 있다.

"우리의 삶은 유한하다. 하지만 너의 마음속에는 무엇이든지 다 알고 싶은 마음으로 가득하다. 과연 그게 가능할까?"

'유한함'으로 '무한함'을 추구할 때의 딜레마

장자는 다음 한마디로 우리 인간이 직면한 딜레마를 표현했다.

'유한함으로 무한함을 추구하다(以有涯隨無涯).'

'무한함(無涯)'은 마치 눈덩이와 같아서 굴리면 굴릴수록 커지며 영원히 멈추지 않는다. 마치 《장자》'제물론'편에서 묘사한 '삶을 뜀박질하듯이 살아가다(其行盡如馳).'의 상황과 같아서, 우리는 매일 쉼 없이 질주하면서도 '그칠 줄을 모른다(莫之能止).' 왜 아무도 멈출 줄을 모를까? 왜 멈추려고 하지 않을까? 왜냐하면 멈추는 순간 패배한다고 생각하기 때문이다. 사람들은 쉬려고 하지 않고, 휴가를 보내려 하지 않으며, 잠을 자려고 하지 않는다. 필자의 아들은 고등학교 시절에 밤늦도록 책상에 앉아 새벽 1~2시가 되어도 여전히 꼿꼿이 앉아 공부하곤 했다.

한 시간에 한 번씩 아들을 들여다보았는데, 어떻게 그렇게 어깨를 꼿꼿이 펴고 앉아 있는지 놀랐던 적이 있다. 그런데 가까이 가서 봤더니 잠들어있었다. 그래서 아들에게 말했다.

"벌써 1시 반이구나. 가서 침대에 누워 편히 자렴."

"안 돼요. 절대 안 돼요."

"왜 안 되니? 이렇게 피곤해 보이는데. 내일 또 학교 가야 하잖니? 지금 안 자면 내일 수업에 집중할 수 없을 거야."

"안 돼요. 다른 아이들은 지금도 계속 공부하고 있거든요."

아들의 생각은 거의 상상의 단계에 이른 것으로 보였다. 필자가 말했다. "그래 좋다. 아빠한테 친구들 전화번호 좀 알려주겠니? 한 명 한 명씩 전화해서 정말 안 자고 공부하는지 물어볼 테니까."

필자는 실제로 한 명씩 모두 전화를 걸어서 물어보았다. 그랬더니 아들의 친구들은 모두 그 시간에 졸고 있었다. 결국 아들은 다음

날 학교에 가서 친구들에게 싫은 소리를 듣고 말았다. 한밤중에 걸려온 전화 때문에 잠을 깨고 공부를 해야 했기 때문이다. 군자는 학문으로써 벗을 사귀고 벗을 통해 인(仁)을 배울 수 있다고 했던가? 한밤중에 친구들을 전화로 깨워서 함께 공부해야만 공평하다는 말인지 씁쓸하기 그지없다.

인간은 유한하지만 이 세상은 복잡하다

'앎'이 상상의 단계에 이르면 공포로 변한다. 그러면 겁이 나서 쉴 수도, 편히 잠을 잘 수도 없게 된다. 이는 또 다른 형태의 '앎에는 끝이 없다'이다. 인생이란, 우리 인간이 세상에 태어나 길을 걸어가는 여정이다. 다시 말해서 삶이 유한한 인간이 무한한 이 세상을 쫓아가는 과정이 인생이다. 그런데 인생에는 온갖 방해 요소가 있으므로 우리는 자기 인생의 진정한 주인이 되어야 한다. 명품숍을 드나들며 쇼핑에 탐닉하기보다 곧장 귀가하는 편이 더 바람직하다. 실제로 필자는 학교 업무가 끝나면 교실을 나와 택시를 타고 곧장 집으로 돌아온다. 물론 총장님이 필자와 동료 교수를 초청할 때도 있다. 저녁 때 좀 남아라, 무슨 인문학 행사에 참석해라 등의 요청이 있지만, 필자는 대개 거절하고 집으로 돌아간다. 한 번은 한 백화점 본사에서 강연 청탁을 받은 일이 있었다. 강연이 끝나자 주최 측에서 필자에게, "왕 교수님, 저희 백화점을 한번 둘러보시지 않겠습니까?"라고 제안했다. 하지만 필자는 "아니오, 감사합니다만 사양하겠습니다."라고 대답한 뒤 인사하고 돌아섰다. 왜 그렇게 처신했을까? 세상에는 온갖 것들이 다 있기 때문에, 내 마음이 스스로를 통제하기도 전에 동요할 수 있고 나아가 집착을 일으킬 수 있기 때문이다. 만약 그런 외부 자극에 동요된다면 마음속에는 인위적인 조작이 발생한다. 그리고 감정이 움직여 마음의 갈등을 초래한다.

따라서 필자는 단순한 삶을 좋아한다. '나의 삶은 끝이 있다.'라는 구절은 인간의 유한함을, '앎에는 끝이 없다.'라는 구절은 인간 세상의 복잡함을 나타낸다. 그렇기 때문에 제대로 된 인생을 살아가는 것은 그다지 녹록치 않다. 똑같은 요청을 받았을 때 당신이라면 누구의 요청을 받아들이겠는가? 친구의 요청인가, 아니면 스승이나 학생의 부탁인가? 같은 고향 지인의 부탁인가? 만약 이쪽의 요청을 받아들이고 저쪽의 요청은 거절한다면, 당신은 저쪽에게 미움을 사게 된다. 가장 단순한 예를 들어보자. 유부남의 가장 큰 딜레마가 무엇일까? 아마도 어머니와 아내 사이에서 쩔쩔매는 경우가 아닐까? 더구나 아내는 자녀의 엄마이기도 하다. 그러니 머리가 복잡해서 터질 지경이 된다. 고부갈등 앞에서는 아무리 잘난 남자도 뒷목을 잡고 말 것이다. 심지어 고부갈등이 두려워서 귀가를 거부하는 유부남도 많다고 들었다. 필자는 그런 유부남에게 다음과 같이 충고해 준 적이 있다.

"자네는 왜 집에 안 들어가나? 자네 말고는 이 갈등을 해결할 사람이 없지 않은가? 두 사람 사이를 이어주는 다리와 같은 존재란 말이지. 어서 들어가 보게. 아내에게는 자네 어머니에 대한 이해를 얻어내야 하고, 어머니에게는 며느리에 대한 관용을 얻어내야 하네. 그러면 고부갈등은 사라지겠지. 피한다고 능사는 아니야."

'불가능함' 때문이 아니라 '그럴 가치가 없어서' 위험하다

수명이 유한한 인간이 복잡한 세상의 길을 걸어가는 것을 두고 바로 '유한함으로 무한함을 추구한다.'라고 한다. 장자는 여기에다 한마디를 덧붙였다.

'이는 위험하다(殆已).'

인생에는 수많은 문제가 도사리고 있다. 나에게만 문제가 있다고 착각하지 말자. 누구나 큰 문제를 안고 있다. '이는 위험하다.'라는 구절은 '이는 불가능한 일이다.'라는 뜻이다. 당신의 삶은 유한한데, 당신이 원하는 것은 너무 많으니 불가능은 당연하다.

하지만 필자는 독자 여러분에게 말하고 싶다. 장자가 '위험하다'라고 말한 가장 큰 이유는 불가능하기 때문이 아니라 그렇게 할 '가치가 없기' 때문이다. 만약 충분히 가치가 있다면, 우리는 산을 옮기겠다며 어리석을 정도로 꾸준히 노력한 '우공이산(愚公移山)'의 정신으로 그것을 추구해야 할 수도 있다. 유가에서도 그렇게 하지 않았을까? 나의 세대에서 다 해내지 못하면, 자녀 세대에서 이어서 하고, 또 손자 세대에서 이어서 계속하면 된다. 따라서 '이는 위험하다.'는 그것이 불가능할 뿐만 아니라 그렇게 했을 때의 가치가 전혀 없음을 강조하는 말이다.

인간의 삶이 유한하고 길어봤자 100년이라고 해서 가볍게 여겨서는 안 된다. 왜냐하면 그 짧고 유한한 인생의 매 순간은 진실(眞)하기 때문이다. 여러분도 이 문제를 생각해 본 적이 있는가? 나에게 속한 이 시간은 1분 1초가 모두 진짜이다. 내가 부모나 자녀를 대할 때든, 남편이나 아내를 대할 때든, 친구나 급우를 대할 때든 진정한 마음을 가진다. 반면 우리가 추구하는 명예와 권력은 겉보기에는 무한한 열정과 집념으로 보이지만, 실제로는 공허한 가짜이다. 그러면 우리는 어떻게 속세의 가짜를 버리고 우리 자신의 진짜를 취할 것인가? 유가에서는 성선설(性善說)을 주장했고, 도가에서는 천진(天眞)을 강조했다. 성선설에 따르면 인간의 본성은 태어날 때부터 원래 선하기 때문에 우리는 일생을 통해 이 '착한 본성'을 실현하려고 노력한다. 또한 인간은 마치 갓난아기의 천진(天眞)함처럼 태어날 때부터 원래 진실(眞)하기 때문에 우리는 일생을 통해 이 진실함을 유지하려고 애쓴다. 그런데도 이 진실한 인생을 가짜 인생으로 바뀌도록 방치해도 괜찮은가? 그러면 우리 인생은 허무하고 무의미한 것이 되어버리지 않을까? 그러므로 "유한한 것으로 무한한 것을 따르면 위험하다."라는 장자의 말에서 '위험하다'는 '그렇게 하다가는 결국 파괴적인 결말을 맞이할 수 있다.'라는 뜻이 된다. 또한 파괴적인 결말이 가능한지의 여부가 아니라, 아무런 의미나 가치도 없다는 점이 핵심이다.

소요유(逍遙遊)는 유한함을 무한함으로 바꾼다

장자는 우리 인간은 유한한 인생을 통해 속세의 무한함을 추구하는데, 사실 그 무한함은 가짜이고 오히려 유한함이야말로 진짜라고 말한다. 《장자》 제3편 '양생주'편은 '마음(靈)'의 차원에서 삶의 주인(生主)을 이야기하고 있다. 삶의 주체는 다름 아닌 마음이다. 그러므로 우리는 '삶의 주인'을 통해 속세의 복잡함과 목숨의 유한함을 극복해야 한다. 또 삶의 주체인 허정(虛靜)과 관조(觀照)에 기대어 속세의 복잡함과 목숨의 유한함을 해소해야 한다. 우리는 물욕의 구속과 감각기관의 속박에 의해 유한한 삶을 살아간다. 하지만 '삶의 주인(生主)'을 잘 기르고(養), 삶의 주체인 마음을 가득 채워나간다면(涵養), 마음은 결코 우리 자신을 폐쇄하거나 속박하지 않고, 우리를 불투명하고 어두운 존재로 만들지 않는다. '인문적 마음'이 불투명하고 막막하기 때문에 현대인의 수많은 정신적 고통이 초래되는데, 우리는 이 문제를 해결하기 위해서 삶의 주인인 마음을 잘 길러야한다.

목숨이 유한하다면 우리 인간은 어떻게 해야 할까? 비록 100년도 못 살지만 우리는 매일 '소요유'를 실천한다. 남녀노소를 불문하고 모든 사람은 소요유하고 있다. 우리는 책을 읽거나 업무를 하면서 소요유할 수 있다. 현역에서 은퇴한 후에는 더 말할 필요도 없다. 그런데도 은퇴한 많은 사람이 인생의 즐거움을 누리지 못한 채 살아간다. 이 점만 보더라도 즐거움이란, 하늘에서 그냥 뚝 떨어진 선물이 아니라 자기 수양을 통해 스스로 개척하고 쟁취해야 할 대상임을 알 수 있다. 삶의 유한함은 어디에서 출구를 찾아야 할까? 바로 소요유이다. 우리는 '소'(逍, 한가롭다)한 다음에야 '요'(遙, 천천히 거닐다)할 수 있고, 이어서 '유'(遊, 어슬렁어슬렁 돌아다니다)할 수 있다. 그래야만 마음속의 집착과 인위적인 조작을 떨쳐 없앨 수 있고, 우리의 삶은 외부에 기대지 않고 자유로워지며, 1분 1초 매 순간은 모두 무한함으로 바뀐다. 이는 양이 아닌 질의 문제다. 그런 삶이 가치 있고 의미 있기 때문에 1분 1초 매 순간이 자유롭다. 비록 유한한 시간의 흐름 속에 살아가지만 그런 삶은 여전히 가치 있다. 따라서 우리의 삶은 비록 유한하지만 무한함을 추구할 수 있게 된다. 그러면 어디에서 무한함을 추구해야 할까? 바로 삶의 질에서 무한함을 추구해야 한다. 그래야 삶의 가치가 무한해지고 우리는 소요유할 수 있게 된다. 남녀노소를 불문하고 소요유를 일상생활에서 실천할 수 있다. 청소년은 성장해야 하고, 중장년은 일에 매진하며, 노년에는 은퇴한다. 생애 전체 주기에서 보면 각 단계는 서로 다르지만, 소요유를 추구하고 실천한다는 면에서는 모두 동일하다.

타인이 나와 다름을 존중해라

'앎에는 끝이 없다.'라는 구절을 다시 한 번 논해 보자. 우리가 사는 세상은 매우 복잡하다. 대만의 경우만 해도 여당과 야당의 정치적 대립이 심하다. 중국과는 대만해협을 사이에 두고 마주보고 있다. 가장 긴 두 개의 강인 줘수이 강(濁水溪)과 다자 강(大甲溪)이 대만의 남북을 가르고 있다. 사실 대만에는 아주 심각하고 복잡한 문제는 별로 없는 편이다. 다만 오랜 민주화운동 때문에 불평과 분노가 쌓여있을 뿐이다. 민주주의와 법치만 제대로 정착된다면 모두들 공정한 시스템 속에서 경쟁할 수 있다. 또한 사회는 개방적이고 투명해지므로 우리는 모든 것을 내려놓고 자기 자신과 화해할 수 있다. 타 지역과 서로 화해할 수 있고 타이베이(臺北)의 거리와 화해할 수 있다. 이처럼 화해의 가능성이 있다는 것은 얼마나 소중하고 좋은가! 생각해 보자. 대만과 중국 정부가 화해할 수 있다면 얼마나 좋을까? 또한 그렇게 되었는데, 정작 대만 내부의 화해가 이루어지지 못한다면 어불성설 아닐까? 대만 내부도 분열된 마당에 대만해협 건너편의 중국과 화해하는 것은 더욱 어려워진다. 가장 먼저 인간과 사물이 화해해야 한다. 그리고 자신은 유한한 존재임을 인정해야 한다. 두 번째는 밖으로 나가 타인과 화해해야 한다. 이 세상은 매우 복잡하기 때문에 다른 모든 사람은 나와 다를 수 있음을 존중해야 한다. 이런 이해와 포용 속에서 공감대가 형성되기 시작한다.

도가의 지혜가 바로 이것이다! 남은 나와 다르다! 나와는 다른 선

(善)과 미(美)를 추구한다. 상대는 항상 틀리고, 상대가 추구하는 선과 미는 옳지 않다는 생각을 버려야 한다. 이유는 사실 간단하다. 선과 미의 기준을 자신에게 고정시켜놓고 타인을 판단한다면, 그들이 추구하는 선과 미는 실제로는 거짓이고 위선이라고 의심할 수밖에 없다. 사실 우리가 추구하는 선과 미가 바뀌어야 할 필요도 없다. 단지 타인의 종교, 풍습, 전통이나 가풍, 성장 배경 등이 나와 다름을 인정하고, 타인이 나와 다름을 존중하기만 하면 된다. 그러면 이 세상의 복잡함은 단순함으로 바뀐다.

'제물론'은 복잡함을 단순함으로 바꾼다

어떻게 하면 복잡함을 단순함으로 바꿀 수 있을까? 정답은 '제물론'에 있다. 왜 《장자》에서 '소요유'편이 제1편이고 '제물론'편이 그 다음인 제2편이 되었을까? '소요유'는 삶의 유한함에서 벗어나는 지혜를 가르쳐준다. 우리 인생은 길어봤자 100년이지만, 1분 1초매 순간은 진짜이기 때문에 그 안에서 유유자적하게 보낼 가치가 충분하다. 만약 우리가 매일 고달프고, 불안정하며, 바쁘게 산다면, 200년을 살더라도 이는 무의미한 고통의 연속일 것이다. 그러므로 인생이란, 매 1분 1초의 삶의 질을 중요시해야 하고, 그 삶의 질의 무한함을 추구해야 한다는 점을 알 수 있다. 그럼으로써 진인(眞人)이 진실한 말(眞話)을 하고, 진정(眞情)을 드러내며, 진실을 밝힐 수 있다. 이 세상 모든 것은 진실하고 조금의 거짓됨도 허용하지 않는다. 어디에 시간이 그렇게 남아돌아서 거짓으로 가득한 사람들을 접대하느라 힘을 쏟는다는 말인가?

필자는 '제물론'이 복잡함을 단순함으로 바꾸는 지혜를 우리에게 가르쳐준다고 말했다. '제물론'이란, '물론(物論)'을 '제(齊)'한다는 뜻이다. 여기에서 '물론'은 만물의 존재를 설명하는 철학 이론이며, '제'는 '동등한 것으로 여기다', '서로 평등하게 만들다'라는 뜻이다. 한마디로 말해서 '제물론'이란, '서로의 생각을 편견 없이 바라보고, 편견 없이 받아들이는 것'을 의미한다. 유가에서는 인간의 본성(性)이 원래부터 선하기 때문에 영광스럽고 존엄한 존재로 본다. 이처럼 본성은 인간의 존재를 설명하는 합리적인 이론이다. 도가에서는 인간은 누구든지 본진(本眞)을 가지고 태어난다고 보는데, 이또한 인간의 존재를 합리적으로 설명하는 이론이다. 철학이론은 인간과 세상 만물이 존재하는 이유와 관련된 상황을 합리적으로 설명할 수 있어야 한다. 우리는 자기 자신이 옳지 않다고 생각하면 밥도 제대로 못 먹고 잠도 제대로 잘 수 없다. 말과 행동과 이치가 옳아야만 설득력을 가질 수 있고, 밥을 먹거나 잠을 자더라도 편안해진다. 말과 행동이 옳지 못하다면 서둘러 사과하고, 잘못을 인정하며, 행동을 고쳐야만 자기 자신을 구제할 수 있다. 결코 불안감이 우리를 구속하고 스트레스가 쌓이도록 방치하지 말아야 한다. 그리고 서둘러 그것을 떨쳐내야 한다. 하지만 문제는 그런 불안감과 스트레스가 끊임없이 발생한다는 점이다. 마치 대만과 중국정부의 이데올로기 대립이나, 대만 여야의 정치적 투쟁, 노선의 차이점과 비슷하다. 이는 '물론'으로도 '제(齊)'할 수 없다.

'물론'은 평등을 추구하며 분쟁을 해소한다

이제부터 본격적으로 제물론을 논해보자. 오늘날 각 종교는 평등을 부르짖는다. 불교 신자와 기독교 성도 상호간에 평등하고 가르침도 평등해야만 진정한 평등이 이루어진다. 만약 크리스천이 불교 신자를 무시하거나, 유가 또는 도가의 가르침을 인정하지 않는다면 진정한 평등이 실현될 수 있을까? 실제로 앞으로는 종교 간 갈등과 대립으로 문제가 발생할 가능성이 매우 높다. 실제로 오늘날 기독교와 이슬람교의 극한 대립이 세계적인 문제가 되고 있는데, 갈등의 출발은 상대 종교에 대한 오해와 편견, 무시에서 시작되었다. '제물론'은 《장자》 전체에서 가장 중요한 편(篇)이라고 말할 수 있다. 종교의 관점에서 보면 '물론'은 종교의 교리이다. 《성경》, 《코란》, 《도덕경》과 《논어》, 《불경》은 서로 평등하다. '물론'을 통해 진정한 평등이 실현된다면 이 세상의 상황은 지금처럼 복잡하지는 않았을지 모른다. '물론'의 그런 기능이 없다면 종교를 믿는 사람들은 결코 상대 종교에게 양보하려고 하지 않는다. 어느 종교든지 최고의 진리를 추구하기 때문이다. 가령 기독교인에게 여호와는 최고 지존이고 무슬림에게는 알라가 절대신이다. 그러니 어떻게 상대 종교와 신자에게 쉽게 양보할 수 있겠는가! 모든 종교가 자신만이 최고의 진리를 추구한다고 생각하고, 상대 종교는 사이비라고 폄훼하고 의심하기 때문에 오늘날 이 세상에 수많은 문제가 발생했다.

인생의 관점에서 보더라도 '물론'의 가르침은 분명하다. 누군가는 지식을 중요시하고 또 누군가는 생명을 중요시한다. 자기 일의 발전 가능성을 중요시하는 사람도 있고, 인격과 수양을 중요시하는 사람도 있기 마련이다. 이처럼 모든 사람은 자신이 추구하는 나름의 인생관이 있기 때문에, 평등한 입장에서 상대를 존중해야 한다. 그렇게만 된다면 이 세상은 조금은 덜 복잡해질 수도 있다. 그 중에서 필자는 정치적 이데올로기가 가장 복잡하다고 생각한다. 대만의 경우만 해도 진보적인 민진당(民進黨)과 보수적인 국민당(國民黨)의 이념 성향은 크게 다르며, 타이베이 등 대도시와 지방의 이념적 차이도 매우 크다. '물론'이 강조하는 평등사상에 따르면 모든 사람은 자신이 지지하는 정당의 당헌, 당규를 이야기하고 전파할 수 있다. 민의가 어디로 향하는지는 유권자에게 맡기면 되고, 또 투표 결과를 보면 알 수 있다. 그러면 정치가 복잡해야 할 이유가 전혀 없다. 그런데 왜 우리는 서로를 비난하고 논쟁하느라 날을 새야 하는 것일까? 유권자의 투표 결과에 따라 이긴 정당이 집권하면 그만이다. 그러면 복잡함은 아주 단순해진다.

'기(氣)'를 담아 말하지 말고 '마음'을 통해 말해라

다시 인간의 존재와 상황 문제로 돌아와 보자. 무한한 마음이 유한한 육체에 머물면서 복잡한 속세를 관통하는 것이 우리의 인생이다. 우리는 수양을 통해 올바른 도를 얻어야 한다고 말한다. 마치 사랑을 통해 결혼이라는 결실에 이르는 과정에서 끊임없는 테스트를 통과해야 하는 경우와 같다. 오늘날 대다수의 남녀는 번화한 거리에서 군중 속의 고독을 느끼고 복잡다단한 교류를 이어가고 있다. 하지만 진정한 만남은 점점 어려워지고 있어서 앞으로 결혼제도가 제대로 유지될지도 단언하기 어려운 지경이다. 우리는 종종 가장 사랑하는 사람에게 가장 분노 섞인 말을 던지곤 한다. 왜냐하면 사랑은 기(氣)를 통해 표현되기 때문이다. 가장 사랑하는 사람에게 가장 화나는 태도로 사랑을 표현하는 이유는 상대방이 그것을 감내할 수 있기 때문이다. 특히 자녀가 부모에게 하는 말은 무례함을 넘어 분노를 자아내게 한다. 아마 이 세상에서 자녀의 짜증과 분노가 섞인 무례한 말을 참아내는 사람은 부모일 수도 있다. 그런 말을 집 안에서가 아닌 밖에서 타인에게 던진다면, 아마 친구들은 그 자리에서 절교를 선언할 수도 있다. 이처럼 감정이란 인간의 삶의 유한함과 이 세상의 복잡함을 통해서 교류된다. 인생의 길에서 우리는 수많은 사람을 만난다. 더 호감이 가는 사람을 만날 수도 있기 때문에 윤리나 도덕이라는 이름으로 상대방을 거절하기도 한다. 가장 사랑하는 사람에게 가장 분노가 가득한 비호감의 말을 내뱉는 행동은 수양과 성찰을 통해 해소해야 한다.

　모든 사랑은 우리의 '마음'을 통해 표현되어야 하고, 결코 '기'를 통해 내뱉어서는 안 된다. 그러면 분노가 섞여서 상대방에게 전달된다. 따라서 화가 났을 때는 절대로 말을 많이 해서는 안 된다. 마음을 차분히 가라앉히고 평정심을 되찾은 후에 부모나 자녀, 배우자와 대화를 시도해야 한다. 자녀가 부모와 나누는 감정과 분노가 가득 담긴 말은 예외다. 그것은 애교의 표현일 수도 있고 분노일 수도 있는데, 사실은 분노의 대상이 자기 자신이며, 그것은 진심이 담긴 말이 아니다. 우리는 진심과 상대에 대한 배려를 담아 말해야 한다. 무한한 존재로서의 마음을 담아 말해야 하며, 결코 유한한 기(氣), 즉 분노와 같은 감정을 담아서는 안 된다. 인간 세상의 복잡함이 대화에 끼어들게 해서도 안 된다.

제 3 장
'사물(物)'의 유한함으로 '마음(心)'의 무한함에서 노닐다

'유용(有用)'한가, '무용(無用)'한가라는
사회의 이분법적 구분을 초월해라.
그리고 본연의 나 자신으로 되돌아오라.
우리가 평생을 두고 추구해야 할 길은 바로 그것이다.

'사물을 타고 올라 마음을 노닐게 하는' 소요유

인생의 탈출구는 어디에 있을까? 장자는 '인간세(人間世)'편에서
이 문제에 관해 '사물을 타고 올라 마음을 노닐게 해라(乘物以遊心).'
라고 말했다. 다시 말해서 '소요유'하라는 충고이다. 사실 소요유의
가르침은 우리 현대인이 직면한 세 가지 고통에 모두 적용될 수 있
다. 그 뒤에는 '어쩔 수 없는 상태에 몸을 맡기고 중도를 지켜라(託
不得已養中).'가 이어진다. 여기에서 '중(中)'은 사실 '충(沖)'으로, '깨

끗이 씻어내어 비우다'라고 해석할 수 있다. 즉, '양생주(養生主)'란, '인간의 삶의 주체인 마음을 깨끗이 씻어내어 비울 수 있도록 수양하다'라는 뜻이다. 왜냐하면 마음은 비어야만 반대로 무한히 포용하고 받아들일 수 있고, 거울처럼 허정해야만 타인을 바라볼 여유가 생기기 때문이다. 만약 마음속에 집착이 가득하다면 타인이 결코 마음속에 들어오지 않는다. 호불호가 너무 강한 사람도 타인이 눈에 보이지 않고 마음속에 들어오지도 않는다. 자신의 호불호를 내려놓아야만 가족과 친구가 눈에 보이고, 그들을 자신의 마음속으로 초대할 수 있다. 이처럼 허정한 마음은 깨끗한 거울과 같다. 거울은 자기 자신이 없기 때문에 다른 모든 사람과 사물을 비출 수 있다. 노자가 그렇게 이야기했고, 장자 역시 그렇게 설파했다.

그러면 우리는 '사물'의 무엇에 올라타야 할까? 바로 사물의 유한성에 올라타야 한다. '마음'의 무엇에서 노닐어야 할까? 바로 마음의 무한성에서 노닐어야 한다. 그러므로 마음의 출구를 찾을 때는, 절대 형체와 기운의 출구를 찾아서는 안 된다. 인간의 형체는 본래 유한한 존재다. 생리기관이나 감각기관은 욕구를 추구한다. 또한 질병에 걸리기도 한다. 중년 이후에는 기능이 점점 퇴화하므로 우리는 마음에서 출구를 찾아야 한다. 음악을 듣고, 예술작품을 감상하고, 고전이나 경전을 읽으며 삶의 안온함을 즐기고, 자선사업에 헌신하는 등 우리가 영원히 추구할 가치가 있는 이런 모든 행위를 '마음의 귀향(歸鄉)'이라고 부른다. 우리는 반드시 마음의 귀향을 실천에 옮겨야 한다. 왜냐하면 그런 행위를 실천하는 마음의 가치는 무한하기 때문이다. 우리 인간은 속세의 치열한 경쟁과 상호 비교에 내몰려 끝없는 복잡함과 분쟁과 세력 다툼 속에 살고 있으며, 남을 압박하고 남에게 고통과 상처를 주며 살아간다. 하지만 우리 모두가 '정신의 길'과 '마음의 길'을 걷는다면 그 길은 무한히 넓어질 것이다. 그러면 형체가 생기기 이전의 근원적인 모습, 즉 인간의 감각기관을 초월한 '정신' 또는 '도(道)'의 경지를 뜻하는 '형이상(形而上)'을 따를 수 있다. 더 나아가 뜻하는 모든 소망을 이룰 수 있다. 어느 누구도 당신에게 기독교를 믿으라고 강요하지 않고, 왜 불교를 믿지 않느냐고 협박하지 않는다. 다 함께 수양과 수행에 나서고, 함께 종교의 위대한 가르침을 깨달으며, 함께 마음과 정신의 무한함을 체험한다. 그런 경지가 바로 다름 아닌 '사물을 타고 올라 마음을 노닐게 한다.'이다. 사물, 즉 육체의 유한함을 바탕으로 마음의 무한함을 추구하는 것, 이것이 바로 우리 인간이 추구해야 할 인생의 출구이다. 그렇게 할 수 있다면 누구든지 '소요유'를 실천할 수 있다.

물제물론, '어쩔 수 없는 상태에 몸을 맡기고 마음을 깨끗이 비운다(託不得已以養中)'

'어쩔 수 없는 상태(不得已)에 몸을 맡긴다.'란, 속세의 복잡다단함을 단적으로 보여준다. 앞부분의 '부득이(不得已)'란 말은 무엇일까? 말 그대로 우리가 멈출 수도 없고, 통제할 수도 없는 상황이라는 뜻이다. 그러면 우리 주변에서 가장 부득이한 대상, 우리가 가장 통제하기 어려운 대상은 무엇일지 한번 생각해 보자. 아마도 '시간'일 것이다. 독자들 가운데 아마 청소년들이 이 말을 가장 공감하리라 생각한다. 내일 기말고사가 예정되어 있다고 하자. 그런데 오늘의 시간은 1분 1초씩 이전처럼 변함없이 흘러간다. 시간을 멈춰 세우고 싶고, 아직 공부하지 못 한 부분이 많지만, 시간은 야속하게도 끊임없이 흘러간다.

'부득이'에서 '이(已)'는 '멈추다(止)'로 해석할 수 있다. 시간이 있으면 변화도 있다. 어느 누구도 이 사회의 변화를 멈출 수는 없다. 사회는 매 시간 변화하고, 발전하며, 전진한다. 태풍이 몰려와 폭우가 쏟아지더라도 우리는 그 폭우를 멈출 수 없다. 이것이 바로 '부득이'다. 인간 세상에는 헤아릴 수 없이 많은 '부득이'가 존재한다. 우리는 '부득이'로 가득한 세상에서 살아가지만, 부득이한 상황을 멈추거나 변화의 발생을 막을 수는 없다. 뒷부분의 '이양중(以養中)'은 '마음을 깨끗이 씻어내도록 수양하다'를 뜻한다. 그러면 우리의 마음은 허정해진다. 그렇지 않을 경우 마음속에 혼란이 가득해지고 마음은 심란해지기 때문에 우리의 삶은 안식처를 잃고 만다.

'인간세편'의 이 두 구절은 이 세상은 비록 복잡하고 극도로 혼란스럽지만, 우리 인간의 마음은 평정을 되찾을 수 있음을 가르쳐주고 있다. 우리가 너무 냉정해서가 아니라, 수양과 노력을 통해 복잡함을 단순함으로 바꾸었기 때문에 가능한 일이다. 마음이 허정해지면 혼란함을 없앨 수 있고, 사물이나 사건의 본모습을 파악할 수 있으며, 무의미하고 불필요한 갈등도 해소할 수 있다. 나아가 각자 자신만의 삶을 영위할 수 있는 길이 열린다. 오늘날 우리에게 가장 필요한 사람이 바로 이런 마음이 허정한 사람이다. 여당과 야당이 극한 정쟁을 펼칠 때, 사람들의 이목을 끌고 그들의 마음을 움직일 수 있는 공평무사한 정치인이 한 명도 없다. 사실 우리는 이런 첨예한 이념적 대립을 충분히 피할 수 있다. 이념은 자기 스스로를 가두고 자신이 속한 집단을 폐쇄하는 일과 같기 때문이다. 나와 관점이 다른 사람을 설득하고 싶다면, 먼저 서로의 입장과 견해가 다른 사람을 존중해야 한다.

'다르다'와 '틀리다'를 구분해라

언론도 크게 다르지 않다. 신문과 방송에서는 여당이 어떻고 야당이 어떻다며 편 가르기에 바쁘다. 필자의 집에서는 대만의 일간지인 〈연합보(聯合報)〉와 〈중국시보(中國時報)〉를 정기 구독하고 있다. 신문 구독은 필자의 아내가 결정했다. 문제는 정치권의 정쟁을 혐오하는 젊은이들은 이런 보수 신문을 거부하는 방식으로 저항한다는 점이다. 또는 진보 신문인 〈빈과일보(蘋科日報)〉나 〈자유시보

〈自由時報〉를 구독해 정치적 열세를 만회하려고 한다. 필자는 보수와 진보 양 극단의 중간에 서 있다. 보수 진영은 진보 매체는 쳐다보지도 않고, 진보 진영은 보수 매체에 눈길조차 주지 않는다. 그래서 필자는 대만의 4대 일간지를 모두 읽는다. 어느 한쪽에 치우치지 않고 양쪽을 연결하는 다리 역할을 수행하고 싶기 때문이다. 사실 제대로 된 보수인사라면 진보 신문을 읽어야 하고, 제대로 된 진보인사라면 보수 매체에 관심을 가져야 한다. 그래야만 상대 진영의 진의를 파악할 수 있지 않을까? 나는 이미 보수인데 보수적 색채가 강한 언론을 접하면 보수 성향이 더욱 강화될 뿐이고, 진보인사가 진보 매체만 접하면 보수와의 소통은 점점 더 멀어질 뿐이다. 필자는 필자와 성향이 다른 신문을 본다. 그래서 상대 진영이 무슨 생각을 갖고 있는지 이해하려고 노력한다. 그래야만 진정한 대화와 소통이 이뤄진다는 신념 때문이다.

마치 남편이 아내의 입장에서 생각해 주고, 아내는 남편을 역지사지로 배려하는 경우와 같다. 남편이 자기 생각만 하고 아내가 자기 입장만을 고집한다면 그 가정은 운명공동체일 수 없다. 이런 상황이 바로 '부득이한 상황에 몸을 맡기고 중도를 지키는' 사례다. 당신이 마음을 깨끗이 비웠기 때문에 상대방을 이해하고 나아가 상대방의 말을 경청하는 법을 배울 수 있었던 것이다. 상대방은 단지 나와 다를 뿐이다. '다를(different)' 뿐이지, '틀린(wrong)' 것이 결코 아니다. 우리는 종교와 지지하는 정당, 풍습과 전통이 서로 다른 사람들끼리 '다름'을 받아들임으로써 소통해야 한다. 남녀 성별에 따른 차이는 이제 너무 익숙한 주제가 되어 버렸다. 남녀는 당연히 서로 다르다. 그것도 너무나 크게 다르다. 남존여비와 남성우월주의의 시대는 이제 영원히 다시 돌아오지 않는다. 그리고 남녀의 사고방식과 가치관의 차이를 존중해야 한다. 아무리 마초적인 남성이라도 이 점만은 인정할 것이다. 당신을 낳아준 사람이 누구인가? 바로 당신의 어머니이고, 어머니는 여성이다. 당신이 가장 사랑하는 사람은 누구인가? 바로 당신의 딸이고, 딸도 여성이다. 아직도 남성이 태생적으로 우월하다는 의식에서 벗어나지 못하겠는가? 당신의 어머니와 딸을 생각하며 남성우월적 시각을 벗어던지는 것, 이것이 바로 마음을 깨끗이 비우고 허정을 유지하는 길이다.

'삶의 주체'인 마음을 수양하고
인간을 이 속세에 자유롭게 노닐게 해라

우리는 앞에서 삶의 세 가지 차원의 모습을 통해 현대인이 직면한 세 가지 고통을 논했다. 그러면 인생의 문제는 무엇인가? '인간과 다른 생명체(人物)' 사이에서 발생하는 문제인가, 아니면 이 '인간 세상(人間)'에서 발생하는 문제인가? 두 문제 모두 인간의 가장 상층부에 속하는 '인문적 마음(人文心)'을 통해 수양하고 나아가 자유롭게 노닐게 함으로써 해결할 수 있다. 마음의 무한함은, 부득이한 상황으로 가득 찬 세상에서 수양을 통해 실현될 수 있다. 또한 우리는 사물의 유한함 속에서 무한한 삶을 살아갈 수 있다. 이를 두 가지 경우를 모두 고려할 때, 우리 자신의 '마음'이 가장 핵심적인 역할을 수행하고 있음을 알 수 있다. 따라서 '삶(生)'을 수양하는 도는 '삶의 주체(生主)'를 수양하는 도에 있다고 할 수 있다. '생(生)'과 '주(主)', 이렇게 두 글자를 따로따로 읽지 않고 연이어 '생주(生主)'라고 읽을 경우, 우리 삶의 주체는 곧 우리의 마음이다. 우리의 삶을 지배하는 주인은 바로 우리의 마음이기 때문에, 결코 물욕이 우리의 삶을 지배하도록 방치해서는 안 된다. 무한한 마음은 복잡한 이 세상을 관통할 수 있고, 이 과정을 통해 인간과 사물의 유한함을 해소할 수 있다. 인간과 동식물의 생명은 유한하다. 인간이 사는 이 세상은 복잡하다. 우리는 무한한 마음을 통해 유한한 존재를 무한한 존재로 바꿔야 한다. 그래서 복잡한 것을 단순화해야 한다. 원래 이 세상은 단순화할 수 있는 존재다. 인간과 다른 모든 생명체는 무한한 존재로 바뀔 수 있다. 그러면 이 모두를 가능하게 하는 원동력은 무엇일까? 그것은 바로 무한한 '마음'이다.

삶의 주체는 무한한 마음이다. 앞에서 소요유에 대해 언급했는데, 먼저 '소'(逍, 한가롭다)는 우리 인간이 '자연물' 차원일 때의 바람직한 모습이다. 두 번째 '요'(遙, 천천히 거닐다)는 사회인일 때, 세 번째의 '유'(遊, 어슬렁어슬렁 돌아다니다)는 '인문적 마음'을 가졌을 때의 모습이다. 이와 같이 '마음'이 진정한 주인이 된다면, 우리 인간은 속세를 살아가면서도 자유롭게 노닐 수 있게 된다.

무심(無心), 무지(無知), 무위(無爲), 무용(無用)이
삶을 풍요롭게 만든다

'물론(物論)'이란, 인간 사회의 다양한 해석 체계나 다양한 이론적 틀, 서로 다른 가치관을 가리키는 철학이론이다. '제(齊)'는 '서로 다른 것을 동등하게 여기다', '평등하게 만들다'라는 뜻이고, '인문적 마음(人文心)'이 발휘되어 마음속의 집착과 분별을 없애는 것을 가리킨다. '소요유'편은 인간의 삶의 세 가지 모습과 인간의 유한성을 논하면서 '소(逍)'를 통해 형체와 기운과 물욕을 극복해야 한다고 말한다. '제물론'편에서는 우리 인간이 살아가는 이 세상은 매우 복잡하며, 이를 해결하려면 '제'의 방식을 통해 '물론'의 격차를 해소하라는 가르침을 주고 있다. 물욕을 없애고 '제'의 방식을 통해 '물론'을 평등하게 만들면, 우리 인간은 비로소 해방을 맞이하고 우리의 마음은 한없이 넓어지는데, 이 경지가 바로 '요(遙)'이다. 이는 유한함을 무한함으로 바꾸고 복잡함을 단순함으로 바꾸는 것으로, 유가에서 말하는 '군자는 어디를 가든 자득(自得)하지 못한 데가 없다(無入而不自得).'의 경지와 일맥상통한다. 다시 말해서 언제 어디서나 자유롭게 노닐 수 있는 상황이 된다.

우리가 지금 다루고 있는 《장자》는 지난 2천여 년 동안 중국인의 필독서였다. 최고의 경지에 오른 시인과 화가는 물론 서예와 문장으로 이름을 날린 사람들도 《장자》를 읽었다. 대만의 유명 서예가인 둥양쯔(董陽孜, 1942~)는 자신의 서예전(展)에서 두 명의 학자에게 《노장설서(老莊說書)》의 집필과 주해를 요청한 적이 있다. 원래 노장사상은 예술문학이 아니다. 하지만 예술문학으로서 손색이 없을 만큼 그 안에 담긴 감성과 미적 감각은 매우 뛰어나다. 노장사상은 서예나 회화, 음악은 아니지만, 지난 수천 년 동안 노장사상을 소재로 한 작품은 끊임없이 창작되었고 사람들에게 사랑받았다. '소(逍)'는 가장 낮은 차원의 단계로, 인간과 모든 생명체의 행동이다. 인간의 유한함을 떨쳐 없애려면 물욕에 구속되지 말고, 물욕 때문에 스스로를 가두지 말아야 한다. '요(遙)'는 심지(心地), 즉 마음이 지각(知覺) 작용을 일으키는 단계다.

우리는 먼저 마음속의 집착을 버려야 한다. 또한 자신을 모든 가치의 기준으로 삼거나, 자신의 기준을 타인에게 강요해서는 안 된다. 만약 그랬다가는 타인의 반감과 저항에 직면하게 되고, 세상 모든 사람들을 적으로 만들게 될 수도 있다. 이 사회는 나날이 긴장되고 복잡하게 변화하고 있다. 무심과 무지, 무위와 무사(無事), 무용과 무욕은 마치 당(唐)대 이섭(李涉, 806?~?)의 시 '덧없는 삶, 반나절의 여유를 얻는구나(偸得浮生半日閒).'의 마음이나, 송(宋)대 정호(程顥, 1032~1085)의 시 '한가함을 탐내며 어린아이처럼 논다고 말하네(將謂偸閒學少年).'의 마음과 일맥상통한다. 이는 의식적으로 여유로움을 추구한 결과가 아니라 오히려 마음을 '비운(無)' 결과로 얻은 미적 공간이다. 이는 도덕이나 지식, 실용의 차원을 훌쩍 뛰어넘은 무심과 무지, 무위와 무용의 경지다. 이런 경지에 이르면 드디어 진정한 자유로움과 아름다움이 실현된다.

마음속의 집착을 끊으면 천지(天地)는 무한히 넓어진다

원래 나는 내 길을 가고 너는 너의 길을 가면 된다. 나는 내 인생을 살고 너는 너의 인생을 살면 된다. 얼마나 단순한가! 이를 일컬어 '도를 도라 부를 수 있다면 이미 도가 아니고, 이름을 붙일 수 있다면 이미 이름이 아니다(道可道 非常道 名可名 非常名).'라고 한다. 이것은 《도덕경》의 맨 처음에 나오는 구절이다. 가도(可道)와 가명(可名)은 타인에게 나의 길을 걷도록 요구하고, 타인에게 나의 가치관에 따르도록 강요하는 행위와 같다. 상도(常道)와 상명(常名)이란 무엇인가? 우리가 집착과 분별을 끊는다면 우리 모두는 각자 원하는 인생의 길을 걸어갈 수 있고, 각자가 원하는 가치관을 추구할 수 있다는 의미다. 즉, 강요하지 말고 각자가 원하는 대로 내버려두라는 것이 핵심 요지다. 아들과 딸에게 자신의 원하는 삶을 추구하도록 도와주어야 한다. 제자들에게 자신만의 인생을 배울 수 있도록 격려하고, 배우자에게 자신만의 라이프스타일이 있음을 인정해야 한다. 친구에게는 그 친구만의 삶이 있다. 가족 구성원의 삶을 구속하지 말고 친구의 삶에 간섭하거나 나에게 끌어들여서는 안 된다. 요즘 젊은이들에게 결혼은 필수가 아닌 선택의 문제로 자리잡은지 이미 오래다. 결혼이란, 법적 구속력을 가지고 사회체제를 통해 공인된 제도이기 때문이다. 지난 2014년에 할리우드 스타 브래드 피트와 안젤리나 졸리가 프랑스에서 결혼식을 올려 큰 화제가 된 적이 있었다. 그 두 스타가 결혼을 결정한 계기는 무엇이었을까? 아들의 말을 따랐기 때문일까? 엄마와 아빠가 결혼하지 않으면 자기는 근본도 없는 아이가 된다면서 자기는 도대체 누구냐고 따졌을까? 엄마, 아빠는 무조건 결혼해야 한다는 여덟 살 아들의 주장 때문에, 두 커플은 법적 효력과 규범이 제대로 미치지 않는 곳까지 가서 결혼했을까? 유럽을 선택한 이유가 세상의 복잡함에서 벗어나고 자녀의 가치 기준을 충족시키기 위해서였을까? 필자는 그렇지 않다고 생각한다.

마음의 집착에서 벗어나면 이 세상은 무한히 넓어진다. 반대로 이 세상을 한없이 비좁은 공간으로 만드는 원흉은 바로 과도한 집착이다. 모든 사람은 각자 자신만의 기준으로 상대방을 대하고 요구하기 때문에 서로에게 스트레스를 준다. 하지만 우리는 이제 '제물론'과 '소요유'를 알았고 이를 실천하는 중이다. 어느 누구도 상대방을 방해하지 않고, 어느 누구도 타인을 압박하지 않는다. 이렇게 하면 인간의 유한성을 극복하고 인간 세상의 복잡함에서도 벗어날 수 있다. 인간과 이 세상 만물의 유한성은 마음의 집착 때문에 생긴다. 집착이 사라진다면 우리의 삶이 어떻게 유한할 수 있겠는가! 인간이란 본래 '실제로 그렇게 존재하는', 즉 실존(實存)적 존재이며, 형체와 기운과 물욕을 지닌 채 살아가는 생명체이다. 필자는 가끔씩 옛 제자와 재회한다. 그들은 나를 찾아와 그동안 잘 지냈는지 서로의 안부를 묻는다. 이전에 지도교수 시절에는 그들에게 학업 스트레스를 많이 주었던 기억이 난다. 하지만 지금은 더 이상 논문을 지도하지 않기 때문에 우리는 그저 서로의 안부나 근황을 묻는 정도의 친구일 뿐이다. 제자들은 자기가 요즘 어떤 성과를 냈다거나, 바쁜데 불쑥 찾아와 죄송하다는 등의 말을 한다. 그러면 필자는 큰 성과를 내는 것이 뭐 그리 중요하냐면서 하루하루를 잘 살아가는 일이 가장 중요하다고 이야기한다. 평범한 일상이 사실은 인생에서 아주 큰 의미를 지닌다는 말과 함께 말이다.

'물론'은 세계관이자 인생관이다

'소요유'와 '제물론'은 각각 세 차원으로 나뉜다. 인간은 '물론(物論)'에서 가장 아래 단계에 속하는 존재다. 기독교의 성도나 불교의 신자, 민간신앙을 믿는 일반인 등이 이에 해당한다. 대만의 경우 대다수 사람이 민간신앙을 믿는다. 필자의 경우 어머니가 믿던 신앙을 그대로 믿는다. 그래서 사람이 죽으면 또 다른 장소에서 가족과 재회한다고 여긴다. 즉, 현세에서 삶을 마감하고 세상을 떠나면 또 다른 세계에서 이전에 헤어진 부모와 재회하는 것이다. 이렇게 부모도 만나고 조상과도 재회한다. 그런 관점에서 보면 청명절(淸明節, 24절기의 하나로, 4월 5일 전후이다. 조상의 묘를 참배하고 제사를 지낸다.-역자 주)은 춘절(春節, 설날)보다 더 중요한 명절이 되어야 할지도 모른다. 춘절 때는 살아있는 사람들끼리만 모이지만, 청명절 때는 묘소를 찾아가 죽은 조상과 다시 만나는 날이기 때문이다.

이런 관점이 바로 '물론'인데, '물론'은 우리의 세계관과 인생관을 형성하는 데 크게 기여했다. 우리는 이런 세계관과 인생관 속에서 살아가고, 우리가 누구인지, 무엇을 하고 싶어 하는지, 어디로 가야 하는지를 파악한다. 당신은 자신이 누구인지, 무엇을 원하는지, 어디로 가야 하는지 정확히 알고 있는가? '인문적 마음'은 결코 불투명하지(盲) 않다. 사회인은 막막하고 불안정하지(茫) 않다. 자연물은 너무나 바쁘지(忙) 않다. 왜 그럴까? 왜냐하면 가치 있고 의미 있는 마음이기 때문이다. 비록 몸은 힘들지만 내가 사랑하는 가족을 위해서 발현하는 마음이 '인문적 마음'이기 때문이다.

'물(物)'을 '제(齊)'하는 도는 '물론(物論)'을 '제(齊)'하는 데 있다

당신은 '물(物)'을 '제(齊)'하는 것, 즉 세상 만물을 동등하게 대하기를 원하는가? 그러면 먼저 '물론(物論)'을 '제(齊)'해야 한다. 다시 말해서 '인간과 만물을 바라보는 관점(物論)'은 사람마다 서로 다르기 마련인데, 이를 모두 인정하고 받아들여야 한다(齊). 이는 매우 중요하다.

지금부터 민주주의와 법치의 가치에 대해 논하려고 한다. 이 점은 결코 양보할 수 없고 중국 정부도 대만과 마찬가지여야 한다. 그래야만 대만과 중국은 비로소 한 가족이 될 수 있다. 중국이 민주와 법치, 자유와 인권의 길을 선택해야만 대만도 과거로 역행하여 '대만 독립'을 외치지 않게 될 것이다. 이는 가치의 선택 문제이다. 서로 다른 체제와 생활방식은 서로 다른 '물론'에서 생긴 결과물이다. 지금의 양안 관계는 평등해져야 한다. 이때의 평등이란 '나는 당신을 존중하겠다. 나는 당신이 개혁과 개방을 받아들이기를 기다리겠다. 당신이 나와 동등해지면 우리 사이에는 아무런 격차가 없을 것이다.'라는 의미를 담고 있다.

중국에서 열리는 학술회의에 참석할 때마다 중국 측 참가자들은 항상 대만 동포들에게 큰 기대를 걸고 있다고 말한다. 하지만 필자는 오히려 중국 동포에게 큰 기대를 걸고 있다고 말한다. 중국이 빠른 속도로 대만을 쫓아오기를 기대한다. 왜냐하면 대만의 민주주의와 법치는 결코 과거로 후퇴할 수 없기 때문이다. 그래서 중국이 대만을 쫓아오면 이전처럼 한 가족이 될 수 있다고 말한다. 자유와 인권 역시 후퇴하거나 양보할 수 없다. 필자는 전에 〈연합보〉에 '우리는 선진 민주국가이다. 도망갈 필요가 없다.'라는 제목의 칼럼을 기고한 적이 있다. 우리는 옳다는 확신이 있었고 틀린 사람이나 도망친다는 믿음이 투철했기 때문이었다. 가치관이 올바른 사람이 후퇴하거나 도망칠 수 있을까? 이 세상에 그런 천리(天理)는 존재하지 않는다고 생각한다.

마음으로써 '물론(物論)'을 '제(齊)'하다

'물론'을 '제'해야 한다. 그리고 이는 마음을 통해 이루어져야 한다. 가족과 친구는 내 마음속에 아주 중요한 존재인데, 비록 그들의 관점과 입장이 나와 달라도 서로 '제'할 수 있다. 남편과 아내가 서로 정치적 견해가 다를 수 있고, 종교가 달라도 아무런 문제가 없다. 상대가 나를 존중하고 나 또한 상대를 존중함으로써 서로 각자의 영역을 인정하면 된다. 이런 식으로 서로 침범하지 않고 상호 포용할 수 있다. 이렇게 되면 각자의 '물론'이 아무리 달라도, 그에 따른 관점이나 입장이 나와 아무리 달라도, 우리는 아무런 문제없이 '제(齊)'할 수 있다.

어느 날 필자의 딸이 자기 엄마와 언쟁을 벌이고 있었다. 필자는 아무 말도 하지 않았다. 감히 끼어들 분위기도 아니었다. 더구나 아이 엄마는 '마조신(馬祖神, 동남아시아 일대에서 추앙받는 전설적인 여신으로, 바다의 안전, 상업의 발전, 평안과 재난 방지 등을 담당한다.-역자 주)'이라는 별명이 있을 정도로 성격이 매우 강하다! 필자는 마음으로써 두 사람 모두를 '제'하는 방식을 선택했다. 왜냐하면 딸도 사랑하고 아내도 존중하기 때문이다. 필자의 네 가족은 원래 모두 단순하다. 키우는 고양이도 한 마리 있는데, 고양이와 함께 있을 때는 태도가 조금 달라진다. 필자는 딸과는 무척 가깝지만 아내와 아들과는 좀 덜 친한 편이다. 그래서 고양이를 대하는 말투나 태도 역시 딸, 아내, 아들과의 상대적인 상황에 따라 결정되곤 한다. 고양이가 아직 물 또는 사료를 안 먹었다고 필자가 말하면, 아내는 그때마다 사람은 안 챙기고 고양이만 챙긴다며 불만을 쏟아낸다. 이것이 바로 제물론이다. 왜냐하면 우리 인간은 만물의 영장이므로 하늘을 대신해서 도를 행하고 만물을 돌봐야 한다. 고양이는 스스로를 돌볼 수 없으므로 인간이 대신 챙겨주어야 한다. 가족을 덜 사랑해서도 아니고, 고양이를 더 사랑해서도 아니며, 고양이가 스스로를 챙기지 못하기 때문일 뿐이다. 이것이야말로 우리 인간이 보여줄 수 있는 최고 수준의 '인문적 마음'의 표현이다. 하느님이 그곳에 있고 부처님과 알라신도 바로 그곳에 있다. 우리는 무한한 '마음'으로써 먼저 각자의 '물론'을 동등하게 대하고, 나아가 세상의 '물(物)'을 동등하게 대해야 한다. 서로 다른 '물론'을 동등하게 대한다면 세상은 더 이상 복잡하지 않고 복잡해야 할 모든 이유도 사라진다. 우리가 '물(物)'을 동등하게 대하면 인간의 삶은 더 이상 유한하지 않다. 더 나아가 우리는 '사물을 타고 올라 마음을 노닐게 하고, 부득이한 상황에 몸을 맡기고 중도를 따를 수 있게' 된다.

제4장
허이대물(虛而待物), 자기 자신의 삶을 살아라

'유용(有用)'한가, '무용(無用)'한가라는
사회의 이분법적 구분을 초월해라.
그리고 본연의 나 자신으로 되돌아오라.
우리가 평생을 두고 추구해야 할 길은 바로 그것이다.

사람을 구하는 것은 사람에게 재난을 가하는 것과 같다

《장자》제4편 '인간세(人間世)'편에는 다음과 같은 우언이 나온다.
안회(顔回)가 공자에게 여행을 떠나겠다고 청했다. 그러자 공자가
물었다.

"어디로 갈 생각인가?"

"위(衛)나라로 가서 사람들을 구할까 합니다. 저는 스승님의 제자
이고 공자의 제자는 의사의 제자와 같습니다. 의사의 집 문 앞에는

환자가 많이 모이지 않습니까?"

이 상황은 마치 지난 2014년부터 타이베이시(市) 시장을 역임하고 있는 커원저(柯文哲, 1959~)와 비슷하다. 그는 원래 의사 출신이다. 사람의 목숨을 구하는 일을 천직으로 알았던 그가 지금은 타이베이시를 구하는 정치 일선에서 활약하고 있다.

안회가 이어서 말했다.

"평소 스승님께서는 저희에게 치국(治國)과 평천하(平天下)를 실천하라고 가르치시지 않았습니까? 지금 위나라는 정치 상황이 매우 어지럽습니다. 그래서 제가 가서 사람들을 구하고자 합니다."

그러자 공자가 한마디 했다.

"그만두게. 자네가 가면 분명 살아오기 어려울 것이네. 사람을 구하려는 사람은 우월감이 가득한 법이고, 스스로를 대단한 사람이라고 여기지. 반대로 목숨을 구제받는 사람은 상대적으로 열등감을 갖지 않겠나? 그러니 자네가 위나라로 가는 순간, 그 나라의 왕과 신하, 백성의 미움을 받을 거야. 자신들의 나라가 자네 때문에 구조되었으니 자신들은 무엇이 되는가라고 말일세."

장자는 이 우언을 통해 타인을 구하려는 사람은 오히려 '타인에게 재앙을 불러오는 사람' 역할을 한다고 경고한다. 이는 우리도 깊이 새겨들어야 할 교훈이다. 친구를 구하려는 사람, 제자를 구하려는 사람, 사회의 소외계층을 구하겠다는 사람은 절대로 '구세주'의 자세를 보여서는 안 된다. 사람을 구하기 전에 먼저 그들에게 미운털

이 박히고 만다. 당신은 그들을 불쌍한 존재라고 단정 짓고, 제대로 된 삶을 영위하지 못한 채 스스로를 돌볼 줄도 모른다고 여긴다. 그러니 그들은 도움을 받기도 전에 이미 깊은 상처를 받는다. 그들은 아마 이렇게 생각할 수도 있다.

'네가 나에게 상처를 주었고 나를 먼저 무시했지? 그러니 공평해지기 위해서 난 너를 공격하겠어.'

라는 심리가 발동한다. 가령 이런 식이다.

'넌 내가 수학 점수를 30점 받았다고 말했지? 그러면 나도 네가 국어 점수가 20점이라고 떠벌리겠어.'

그러므로 타인을 구하려는 사람은 오히려 타인에게 재앙을 가져오는 사람이다. 그리고 재앙을 당한 사람은 받은 만큼 똑같이 앙갚음을 한다.

정치인이 되려는 후보들에게도 같은 이치가 적용된다. 가령 '내가 나서서 대만을 구하겠다.'라거나 '타이베이시를 구하겠다.'라는 고자세를 보이기보다 '타이베이시는 물론 대만의 모든 시민을 섬기고 존중하겠다.'라는 낮은 자세를 보이는 것이 현명하다. 그리고 모든 사람들이 존엄하고 존중받는 삶을 보장해 주어야 한다. 가령 국가 시스템에 의거한 예산 편성을 통해 모든 사람들을 위한 공정한 복지정책을 펼칠 수 있어야 한다.

모든 정치 후보자에게는 바로 이런 자세와 마음가짐이 필요하다. 그 외에 다른 말은 군더더기에 불과하다. 그야말로 도가의 지혜를 가지고 이를 실천하면 되는 것이다. 하지만 상당수 정치 지망생은 입만 열었다 하면 말실수를 연발한다. 그 결과 사람들을 구하겠다는 초심을 잃고 오히려 재앙을 초래한다. 이처럼 초심이 오히려 재앙으로 바뀐 가장 큰 이유는 우리 모두가 형체와 기운과 물욕으로 이루어진 인간이기 때문이다. 우리는 가장 사랑하는 사람에게 가장 심하게 화를 내는 경향이 있다. 기(氣)를 통해 사랑을 표현하는 것이다. 기에는 기세가 있는데, 기세는 절대로 너무 세면 안 되며, 태도 역시 고압적이어서는 곤란하다. 장자는 이 우언에서 공자와 그의 제자 안회를 주인공으로 삼았다. 대화에서 드러낸 사상은 어디까지나 장자 자신의 사상일 뿐이다. 그러므로 《장자》를 읽고 난 다음에 《논어》의 사상이 틀렸다고 의심할 필요는 없다.

'마음'과 함께 존재하고 '기'와 함께 움직인다

공자가 안회에게 말했다.

"자네의 가장 큰 문제는 사람의 '마음'과 '기운'을 간파하지 못했다는 점이네."

공자가 안회에게 무엇 때문에 위나라로 가서 사람을 구하려느냐고 물었을 때, 안회는 다음과 같이 대답했다.

"몸을 단아하게 하고, 마음을 비우며, 뜻을 힘써 한결같이 하면 되겠지요(端而虛 勉而一則可乎)."

"안으로는 곧게 하고, 밖으로는 부드럽게 하며, 옛 사람들의 말을 인용하여 그 말을 따르겠습니다(內直外曲 與成而上比)."

'허(虛)'와 '일(一)'은 도(道)에 부합하는 성격이고, '단(端)'과 '면(勉)'은 의지를 갖고 열심히 실천하는 것이다. '내직(內直)'은 오로지 천진에 따르는 것이고, '외곡(外曲)'은 완곡하여 타인에게 상처를 입히지 않는 것이다. '성이상비(成而上比)'는 옛 사람의 가르침에 따르는 행위이다. 안회는 이런 자세를 갖고 올바른 말(眞話)을 하면 상대방에게 미움을 받지 않을 수 있고, 안으로 곧고 밖으로 부드러우며 선인의 말을 따를 수 있다고 판단했던 것이다. 하지만 공자의 생각은 달랐다. 공자는, "안 된다. 당치도 않아(惡可)."라며 부정적인 입장을 보였다.

안회가 이렇게 말한다 해도 도움을 받게 될 사람들은 여전히 받아들일 수 없다는 뜻이었다. 안회가 위나라에 가서 왕에게 자신의 입장을 관철시키고, 왕이 나라를 다스리고 백성을 대하는 태도를 바꿔야만 하기 때문이다. 이는 우리의 이해와 이념을 바탕으로 바다 건너 중국 대륙에 평화를 전파하겠다는 의지와 무척 유사하다. 하지만 실제로는 그런 노력이 성과를 거두기 어렵다. 우리는 도가의 지혜를 받아들여 상대방을 존중할 줄 알아야 한다. 대만은 항상 옳고 중국 쪽은 항상 틀릴 수는 없기 때문이다.

중국의 어떤 학자가 필자에게 이렇게 말한 적이 있다.

"민주주의는 중국에 어울리지 않습니다. 땅은 너무 크고 인구도 너무 많잖아요. 아마 투표 집계하기도 벅찰 것입니다."

그 말에 필자는 이렇게 대응했다.

"그럴 리가 있겠습니까? 지금이 어떤 시대입니까? 대만의 경우 5시에 개표를 시작하면 7시도 안 되어 결과가 나옵니다. 전자 개표 방식과 네트워킹 시스템을 도입하면, 서부의 신장(新疆)과 남서부의 티베트 개표 결과를 즉시 베이징으로 취합할 수 있어요. 그러니 어려움이라고 할 만한 것이 없지요."

"중국에게 변화하라고 강요하지 마십시오."

"저희들이 어떻게 강요할 수 있겠습니까? 단지 선의로 제안을 드릴 뿐입니다. 대만이 지금까지 걸어온 길이 바람직하다고 판단하기 때문에, 중국도 올바른 길을 갔으면 하는 바람뿐입니다."

공자가 "자네는 사람의 마음과 기운을 간파하지 못했네."라고 말한 이유는 안회의 마음이 타인의 마음 바깥에 있고, 안회의 기(氣)는 상대방의 기 바깥에 있다는 뜻이다.

우리는 자녀의 정서와 '함께 가야(同行)' 한다. 학생의 정서, 부모의 정서, 스승의 정서와 함께 가야 한다. 또한 우리는 그들의 마음과 '하나가 되어야(同在)' 한다. 나의 마음과 타인의 마음이 함께 연결된 상태를 '마음이 맞는다' 또는 '한마음'이라고 말하고, 나의 기와 상대방의 기가 융합된 상태를 '의기투합(意氣投合)'이라고 표현한다. 의기투합은 '자상하고 살뜰하게' 상대를 대하는 형태로 표출된다. 이와 같이 우리는 상대방과 마음이 맞아야 하고, 자상하게 상대방을 챙겨야 한다. 그래서 마음이 하나가 되고 기가 함께 가야 한다. 특히 모든 부부들은 필자의 말을 꼭 기억하기 바란다. 항상 배우자와 한마음이 되고, 배우자의 기와 함께 갈 수 있도록 노력해야 한다. 이런 경지를 '달(達)'이라고 말한다. 당신의 문제는 곧 배우자의 문제이고, 배우자의 일이 곧 당신의 일이다. 부부 상호간에 구분이 없으므로 갈등도 없다. 만약 배우자가 없는 곳에서 험담을 한다면, 배우자에게 큰 상처이자 고통이 된다.

언제나 타인과 함께 하면 타인과 공감할 수 있다

대학 강당에서 교편을 잡던 시절에 제자들이 필자에게 질문을 던지면, 그것이 대학원 학업 관련 질문이든, 남녀 간의 사랑에 관한 질문이든 일단 자리에 앉게 하고 차분하게 대화를 시작한다. 제자가 털어놓는 고민을 듣다보면 어느새 대학교 3, 4학년 또는 대학원 재학 시절의 필자로 돌아가곤 한다. 필자는 제자들을 가르치려고 하거나 잔소리를 늘어놓지 않는다. 대신 비슷한 상황에서 어떻게 행동했는지 필자의 경험을 들려줄 뿐이다. 그의 고민은 바로 필자의 고민이다. 절대로 "너는 도대체 머리가 있느냐, 없느냐!", "너는 왜 그렇게 의지가 부족하냐!" 등의 비난을 하지 않는다. 그저 그의 말에 공감하고, 그의 기(氣)와 동행하며, 그의 마음과 함께할 뿐이다. 그의 고충은 바로 나의 고충이고 그의 눈물은 바로 나의 눈물이기 때문에, 필자는 그와 똑같은 나이, 똑같은 느낌, 똑같은 상황, 똑같은 번민으로 나 자신을 되돌린다. 이것을 바로 '타인의 마음에 도달한다(達人心)', '타인의 기에 도달한다(達人氣)'라고 말한다. 만약 당신이 타인의 마음에 도달하지 못한다면 여전히 그의 삶 바깥에 머무르고 있고, 그의 감정과 그의 마음 바깥에 머무르고 있을 뿐이다. 그런 상태에서는 아무리 호의를 베풀어도 오히려 역효과만 난다.

그러므로 당신은 타인에게 '도달해야' 한다. 그러려면 먼저 자기를 버려야 한다. 시간을 들여 마음을 수양하고 마음속의 부정함을 없애 깨끗이 하는 것, 다시 말해서 마음을 재계(齋戒)하는 것을 가리켜 '심제(心齋)'라고 한다.

안회는 이어서 농담 식으로 말했다.

"그게 뭐 어렵겠습니까? 저희 집은 원래 가난하기 때문에 석 달 동안 고기 맛을 못 봐도 아무렇지 않습니다. 그러므로 저는 이미 재계했습니다(齋)."

공자가 말했다.

"그것은 고기를 멀리하는 몸의 재계(身齋)가 아닌가? 지금 자네에게 필요한 것은 마음의 재계(心齋)일세. 그러려면 먼저 마음을 깨끗이 비워야 하네."

앞에서 우리는 '어쩔 수 없는 상태에 몸을 맡기고 마음을 깨끗이 비운다(託不得已以養中).'에서 '중(中)'이 '마음을 씻어서 깨끗이 비운다.'의 뜻이라고 설명했다. 그러므로 '양중(養中)'은 '마음의 재계를

192

위해 수양하다'의 의미가 된다. 마음을 재계함으로써 마음을 비우면, 심지(心知)의 집착을 끊을 수 있고 인위적인 조작도 생기지 않는다. 그래야만 상대방의 마음과 함께 존재하고 상대방의 기와 함께 갈 수 있다. '나는 반드시 이렇게 해야만 해.'라는 자신만의 집착과 조작이 사라진다. 그러면 부모나 스승이 된 자로서 어떻게 자녀나 제자의 생각을 외면한 채 자기 한 사람만 챙길 수 있겠는가? 어떻게 "나는 이렇게 하기로 이미 결정했어. 내게 더 이상 간섭하지 마."라고 선언한 채 자녀나 제자를 마치 생면부지의 남으로 생각할 수 있겠는가? 본래 나와 남이 서로 만나서 교류할 때는 모든 일을 두 사람이 상의해서 함께 결정해야 하는 법이다. 우리가 결혼식에서 혼인서약을 할 때 가장 중요한 내용은 '우리 두 사람은 앞으로 어떤 일이 있어도 함께 상의해서 결정하겠다.'이다. 자녀를 출산하여 양육하는 일과 집안의 크고 작은 일 등 모두가 두 부부가 함께 머리를 맞대어 결정하고 함께 책임져야 할 사안이다.

필자는 엘리베이터가 없는 아파트에서 장모님을 모시고 살고 있다. 올해 101세가 되신 장모님은 3층에 위치한 집까지 걸어서 오르내리느라 무척 힘들어 하신다. 그래서 엘리베이터가 있는 아파트를 알아보았는데 너무 비쌌다. 아내가 내게 의견을 물었다.

"당신은 어떻게 생각해요?"

"글쎄 잘 모르겠어요. 아이들에게 한번 물어봅시다."

"아니 돈은 우리 부부가 부담하는데 왜 아이들의 의견이 필요하죠?"

"앞으로 그 집에서 살아갈 날들이 더 많기 때문이지요. 그러니 부모와 자녀가 함께 결정해야 하지 않겠어요?"

노자와 장자를 공부하다 보니 필자의 몸에 밴 법가(法家)적인 사고방식이 많이 옅어진 모양이다. 고등학교 시절에 성향 테스트를 해 보면 필자는 완전히 정치가 스타일이었지만, 지금은 정치와 거의 담을 쌓은 상태다. 사람과 사람 사이에 마음을 비우면, 상대에 대한 포용과 이해의 공간이 더 넓어짐을 새삼 깨닫는다.

'도'는 생(生)과 성(成)의 원리다

왕진핑(王金平) 대만 입법원장(立法院長)은 필자의 국립대만사범대학 동기다. 교내 테니스 대표로 함께 선발되어 활약한 적도 있다. 지난 2013년 9월 대만에는 이른바 '마왕정쟁(馬王政爭)'이라는 정치 파동이 발생했다. 국민당 주석이자 대만의 총통이었던 마잉주(馬英九)가 입법원장 왕진핑의 국민당 당적을 박탈한 사건이었다. 그 당시 왕진핑은 자신의 참모진(幕僚團)과 변호인단(律師團)을 대상으로 한 강연을 필자에게 부탁했다. 필자는 도가에 관해 대략 이러한 내용으로 강연했다.

" '도'는 생성(生成), 즉 낳고(生) 키우는(成) 것에 관한 원리다. 지금 상황이 어떻든 여러분은 대만을 키워내야 할 책임을 지고 있다. 대만이라는 이 땅덩어리를 발전시키고, 이 땅 위에 살고 있는 시민 한 사람 한 사람을 키워내야 한다. 이는 결코 입법원과 총통부 간의 문제가 아니다. 오히려 대만 사람의 '도'가 어디에 있느냐의 문제다. 이런 마음가짐으로 사고하고 평가해야 한다."

그는 수양이 깊은 친구이기 때문에 싫은 내색이나 분노의 말을 단 한마디도 내뱉지 않았다. 더구나 필자는 그의 대학 동기이므로 어떤 말이라도 할 수 있었다. 그는 내게 아무런 불평이나 비난을 하지 않고 이렇게 한마디만 내게 던졌다.

"마 총통(마잉주)은 원래 그런 양반이잖아!"

그의 평소 스타일다운 말투였다. 그 말 한마디에는 정적(政敵)인 마잉주 총통에 대한 이해와 포용이 담겨있었다. 필자는 왕진평을 높이 평가한다. 그는 진정한 대인배이고 정말로 왕진평다웠다. 그러면 나 자신은 어떤가? 물론 나는 평소 스타일 그대로이고 여전히 왕방웅답다. 하지만 영웅적인 기개는 노자와 장자의 가르침을 받아들이면서 이미 사라진지 오래다. 중국의 사극 〈시뤄치칸(西螺七崁)〉에 등장하는 무사들은 화려한 무술을 뽐내며 강토를 지키는데, 그들은 유가의 치국(治國), 평천하(平天下)의 가르침을 실천하고 있다. 하지만 지금의 필자는 그저 집의 고양이 한 마리를 건사하기에도 벅차다. 다만 노장사상을 강의하며 현대인에게 전파하는 일에만 열정을 쏟고 있다. 40여 년의 시간과 노력을 통해 고전 한두 편을 연구했고, 이러한 결과물을 이제 독자들과 함께 나눌 수 있게 되어 가

슴 벅차다. 인생의 여정에서 노자와 장자의 지혜를 품고, 인생에서 발생하는 수많은 난제, 인간은 유한하고 세상은 복잡하다는 문제와 마주할 수 있게 된 것이다.

인간 세계의 갈등과 문제는 상대방의 마음에 도달하지 못하고 상대방의 기에 도달하지 못하기 때문에 발생한다. 그러면 어떻게 해야 도달할 수 있을까? 마음을 수양하고 재계해야 한다. 구체적인 수양방법으로 장자는 마음을 비우고 세상 만물을 대한다는 '허이대물(虛而待物)'을 제시했다. 여기에서 '대(待)'는 '상호 대등하게 대우하다'의 의미가 결코 아니다. 오늘날 우리는 상대방이 나에게 호의적으로 대해야만 나 또한 상대방에게 잘 대하겠다는 자기중심적이고 상호 대등한 인간관계를 추구하는 경향이 있다. 장자가 말한 '허이대물'을 다른 말로 표현하면 '무대(無待)', 즉 '남에게 의지하지 않는' 자세다. 그러므로 '무대'의 개념으로 '소요유'를 정의한다면 우리에게는 이름(名)이나 금전(利)이 필요하지 않다. 단지 마음만 열면 모든 문제가 사라진다. 반대로 '유대(有待)', 즉 타인에게 의지하고 타인으로부터 좋은 대우를 바란다면, 우리는 결국 집착과 탐닉의 마음에 구속당한다. '무대'는 상대방에게 의지하는 마음을 끊기 때문에 오히려 우리의 마음을 자유롭게 풀어준다. 나는 나 자신으로 되돌아와야만 비로소 진정한 자유를 얻을 수 있고, 나만의 삶을 영위할 수 있다. 내가 나 자신만의 삶을 살아가는 것을 '자득(自得)'이라고 한다. 다시 말해서 노자가 말한 '상도(常道)'는 '내가 원하는 길을 걷기'

를, '상명(常名)'은 '내가 원하는 삶을 살아가기'를 뜻한다. 삶에서 가장 큰 고통은 '남을 기다리고', '남에게 의지하는 것'이다. 남에게 의지하고 그가 나에게 잘 대해주기를 바란다. 빨리 방학이 오기만을 학수고대한다. 은퇴 날짜만 손꼽아 기다린다. 화려한 삶을 누리며 늙어가기를 고대한다. 하지만 당신은 인생의 매 순간마다 자기 자신에게 이렇게 외칠 수 있어야 한다.

"나는 원하지 않아."

"나는 기다리지 않겠어."

이렇게 말하는 순간, 당신은 진정한 자유와 구원을 얻을 수 있다.

상대방을 바라보아라. 그래서 그를 다시 태어나게 해라

한걸음 더 깊이 들어가서 논해 보면, '허이대(待)물'은 사실 '허이생(生)물'이다. 거울은 자기 본연의 실체가 없다. 그렇기 때문에 이 세상 만물을 비출 수 있고, 그들에게 본래의 면모를 보여줄 수 있다. 속세에서 이른바 '가진 사람들'은 돈과 권력으로 그렇지 못한 우리를 무시하고 비하한다. 하지만 거울은 결코 그렇게 하지 않는다. 언제나 우리를 공정하고 합리적인 대할 뿐이다. 우리는 밖에서 타인에 의해 굴욕과 고통을 당하지만, 집에 돌아와 거울을 보면서 잃어버린 우리 자신의 본모습을 되찾는다. 따라서 '허이대(待)물'은 '허이조(照)물'과 같다. 이때 '조(照)'는 '비추다', '바라보다'의 뜻이므로, 이를 불교와 도가에서는 '관조(觀照)'라고 말한다. '관조'는 마치 거울처럼 바라본다는 뜻으로, 거울이 사람을 '바라본다'라고 함은 그 사람의 본모습을 바라봄으로써 그 사람을 '새롭게 태어나게 한다'라는 뜻과 같다. 마찬가지로 거울이 사물을 '바라본다'라고 함은 그 사물의 본모습을 다시 태어나게 하는 것이다. 아들딸은 언제까지나 부모의 눈 속에서 다시 태어나고 새로운 삶을 얻는다. 엄마와 아빠가 바라보는 그 눈길 속에 반짝이는 사랑은 우리 행복의 최대 보증수표이다.

그러므로 사랑이란, 굳이 서약이나 맹세 등이 필요 없다. 그저 우리의 마음으로 상대방을 '바라보고' 동시에 상대방을 '새롭게 태어나게' 하는 존재다. '연인들의 눈에 상대방은 서시(西施)로 보인다.'라는 중국 속담이 있다. 서시는 고대 중국의 4대 미녀 중 한 사람으로, 이 속담은 아무리 외모가 별 볼 일 없어도 연인에게는 예뻐 보인다는 뜻이다. 사랑하는 사람에게는 어떤 말도 군더더기에 불과하다. 두 사람의 눈이 마주쳐서 불꽃이 튀기면 사랑은 그곳에서 피어나고 영원히 식지 않는다. 집착 따위는 필요 없다. 오히려 나 자신을 내려놓고 마음을 비워야 한다. 그러면 사물을 비출 수 있다. 사물을 비추는 것은 그 사물을 태어나게 하는 것과 같다. 상대방을 바라봄으로써 동시에 그를 다시 태어나게 한다. 연인과 친구끼리 서로를 바라보고 부부끼리 서로를 바라보아야 한다. 그저 자기 할 일에만 급급해서 상대방을 바라볼 여유조차 없다면 곤란하다. 어떤 화가가 필자에게 이런 말을 했다. 두 부부는 식탁에 마주 앉아 이른 아침 식사를 했다. 그런데 각자 신문을 펼쳐보느라 서로에게는 눈 길조차 주지 않았다는 것이다. 그래서 화가는 참지 못하고 남편에게 자기를 좀 쳐다보라고 말했다. 필자 역시 나이가 들었는지, 그 말을 듣고 한마디 덧붙였다.

"남편도 나이가 들었잖아요."

두 사람은 함께 세월을 따라 늙어간다. 그래서 예부터 '백년해로(百年偕老)'라고 하지 않던가! 이 또한 인생의 아름다운 모습일 것이다. 사람이 어떻게 늙지 않을 수 있을까? 모두들 함께 늙어간다. 늙음이 문제가 아니다. 서로 상대방을 바라보는가, 서로 알고 서로를 아끼는가, 내 마음속에 언제나 네가 있는가, 내 눈이 언제까지나 너를 비추고 있는가가 관건이다.

'허이대물'은 이 세상 모든 사람들과 모든 사물에도 적용된다. 마음을 비우고 대만이라는 이 땅덩어리를 비춘다. 대만이란 작은 땅 위에 살고 있는 모든 사람을 비춰서 그들 본연의 모습을 드러낸다. 그렇기 때문에 이념 대립이나 가치관 충돌 문제는 그다지 중요한 이슈가 아니다. 오히려 대만 사람 전체의 앞날을 생각하고, 대만 사람 전체의 미래를 생각하며 노력해야 한다. 그리고 나 자신의 이익과 권력, 명예만을 도모해서는 안 된다. 진정으로 어떤 이념을 추구하고 싶다면 오히려 '내려놓는' 도가의 지혜가 필요하다. 도가의 가르침인 '허이대물'이라는 마음의 재계와 수양을 마치면, 대만은 확연히 달라질 수 있을 것이다. 양안관계도 획기적으로 발전할 수 있으며, 지구촌 전체의 생태계 보존에도 지대한 관심이 쏠릴 수 있다. 모두들 자기 자신을 내려놓고, 실적지상주의와 경제성장 일변도의 맹목적이고 획일적인 사고방식에서 벗어나야 한다. 그 대신 우리의 아들딸과 후손을 위해 생존과 생활에 적합한 깨끗한 땅을 물려주어야 한다. 과연 이보다 더 중요한 문제가 있을까?

'마음'을 재계하고 수양하면
무한하고 순진(純眞)한 삶도 가능해진다

복잡한 것은 단순한 것으로 바꿀 수 있다. 유한함은 무한함으로 변화시킬 수 있다. 이 둘을 가능하게 하는 원동력은 바로 우리의 '마음'이다. 그 마음을 올바르게 기르고, 마음을 깨끗하게 재계해야 한다. 따라서 필자는 도가의 지혜가 현대인을 바르게 이끌어주는 참다운 가르침이라고 확신한다. 내가 사는 이 마을, 내가 살고 있는 이 나라에서, 우리는 마음의 무한함과 삶의 순진을 영위해야 한다. 그리고 다 함께 무한해지고 순진해져야 한다.

이전에 한 여자고등학교에서 교편을 잡을 때였다. 고3 수험생이 된 아이들은 연합고사를 앞두고 극심한 스트레스에 시달리고 있었다. 긴장되고 억눌린 분위기가 교정을 휘감고 있었다. 자신의 최대 경쟁 상대가 바로 앞자리나 옆자리에 앉아 있었기 때문이다. 그래서 필자가 아이들에게 말했다.

"우리 모두 타이베이대학에 붙는다고 생각하자. 그러면 옆에 앉은 친구가 경쟁자로 보이지 않게 될 거야."

박사과정을 밟을 때 필자는 이미 대만 푸런대학 철학과에서 강의를 겸하고 있었다. 팡둥메이(方東美) 교수도 같은 과에서 강의를 했는데, 스쿨버스를 타고 옆자리에 나란히 앉아 학교에 오곤 했다. 필자는 3년 반이나 그분의 수업을 들었다. 앞의 두 과목을 듣고, 뒤의 두 과목은 필자의 학생들과 함께 들었다. 사범대학을 다니고 있었기 때문에, 타이베이대학을 다니지 않은 데서 온 부족함을 필사적으로 보완하고 싶은 마음뿐이었다. 어느 날 팡 교수가 필자에게 이렇게 이야기했다.

"연합고사 성적이 전부가 아닐세. 성적이 아무리 좋아도 타이베이대학에 떨어질 수 있어."

필자가 이어서 말했다.

"맞습니다, 선생님. 저도 연합고사 점수가 차라리 높지 않기를 바랐거든요. 그래야만 실력 있는 학생이 문화대학을 선택하지 않겠습니까? 저도 지금 문화대학 석사과정을 밟고 있고, 철학과에서 학생들을 가르치고 있죠. 제가 왜 이런 말씀을 드리는지 아세요? 이렇게 해야 제물론 정신을 실천하는 것이기 때문입니다. 제가 대만 중앙대학에서 강의할 때 총장님께서는 박사학위가 없는 젊은 강사들에게 진학을 독려하셨지요. 그때 한 중문과 교사가 문화대학 박사과정에 합격했습니다. 그 분은 수업을 적게 이수할 수 있게 편의를 봐 달라고 요청했어요. 그랬더니 교평회(校評會)의 한 분이 이렇게 이야 기했습니다. '왜 문화대학에 오셨습니까? 중앙대학 교수는 대부분 해외 박사 출신인데요. 그에 비하면 문화대학은 좀 낮은 편이지요.' 그러자 거기에 있던 또 다른 한 분이 끼어들며 이렇게 이야기했어 요. '그럼 왕방웅 교수는요?' 그러자 그분은 아무 소리도 못 하게 되 었습니다."

이것이 바로 복잡함을 단순함으로 바꾸는 묘미가 아닐까? 문화대 학이 뭐 어쨌다는 말인가? 분별하고 비교하지 말고 서로를 동등하 게 대해야(齊) 한다. 우리 모두 '제물론'의 정신을 배우고 실천해야 한다. 그래서 모든 사람의 각자 영역을 인정해야 한다. 문화대학을 나온 학자들이 자신을 마치 삼류대학 출신으로 비하하는 사회적 풍 토에는 문제가 많다. 중요한 것은 출신 대학이 아니라 실력과 성과 인 것이다. 이것이야말로 유한함을 무한함으로 바꾸는 '소요유'와 '제물론'의 지혜다.

인생의 아름다움을 모두에게 돌려주자

인생은 바로 지금 이 순간이다. 그리고 언제 어디에서나 인생이 다. 어떤 시점이나 장소에서든, 어떤 상황이나 곤경에 처하든, 최선 을 다해 열심히 노력하기만 하면 우리는 자유로운 하늘을 얻을 수 있다. 또한 인생의 아름다움을 우리 주변의 모든 사람들에게 돌려줄 수 있고, 그들을 공정하고 합리적으로 대할 수 있다. 그들에게는 일생을 잘 살아갈 권리가 있고 자신만의 행복한 삶을 영위할 권리가 있다. 또 그 행복을 모든 시민에게, 자신의 자녀와 제자에게 돌려주어야 한다. 그럼으로써 그들이 '그러함(然)'을 자기 스스로에게서 나타내게 해야 한다. 이것이 바로 '도법자연(道法自然)'이다. 이는 도가의 '무'의 지혜일 뿐 아니라, 유가의 이념이자 기독교의 교리이고, 이슬람교의 알라신의 가르침이자 불교의 교리이다. 노자와 장자의 지혜는 모두 유가의 이상과도 연결된다. 중국의 문화와 전통은 수천 년의 오랜 역사를 자랑한다. 중국인의 머릿속에는 절반은 유가, 나머지 절반은 도가가 자리하고 있다고 해도 과언이 아니다. 유가는 우리에게 책임지고 짊어지라고 가르치고, 도가는 반대로 우리에게 내려놓으라고 가르친다.

자신이 짊어지고 걷는 이 발걸음을 모두 내려놓는다면, 짊어지는 것이 결코 부담으로 이어지지는 않으며, 상대방에 대한 압박으로 이어지지도 않는다. 집착과 부담에서 벗어나 자상하고 상대방을 이해할 줄 아는 사람이 되어야 한다. 그리고 나 자신도 이해하고 받아들여야 하다.

대만 사람들은 힘겹게 살아간다. 너무나 강대한 중국대륙이 바로 옆에 버티고 있다. 남한과 북한은 크기가 비슷하지만, 대만과 중국은 격차가 너무 크다. 따라서 우리 자신에게는 공평한 기회가, 그리고 대만에게는 당연한 기회가 주어져야 한다. '소요유'에 '제물론'을 더하고, '양생주'에 '인간세'를 더한다면, 대만은 결코 중국에게 뒤처지지 않는다. 비록 '아시아의 네 마리 용' 순위에서는 다소 밀릴 수 있어도 대만의 상황은 특수하지 않은가! 양안관계는 매우 복잡하다. 그만큼 대만이 직면하고 있는 압박도 상상을 초월한다. 따라서 우리는 스스로 이런 유한함을 돌파해야 한다. 그리고 복잡함을 뚫고 나아가서 마음의 무한함과 삶의 무한함을 영위해 나가야 한다.

인생에서 가장 큰 고통과 부담은
'타인에게 의존하고 타인을 기다리는' 일이다.
남이 나에게 잘 대해주기만을 기다리고,
화려한 삶을 살며 늙어가기만을 학수고대한다.
그 기다림과 의존의 집착에서 벗어날 때
우리는 비로소 진정한 자유와 구원을 얻을 수 있다.

제5장
허정(虛靜)과 관조(觀照)를 통해 진실함과 아름다움을 비추다

태상노군(노자)의 눈으로 세상의 본래 모습을 바라본다.
이런 눈으로 보면 세상은 더욱 광활해지고,
인생은 비로소 확 트이게 된다.
이런 눈으로 보면 인생의 아름다움을 영위할 새로운 길이 열린다.

선현(先賢)과의 대화

고전을 읽음으로써 우리는 수천 년 전으로 돌아가 선현들과 대화를 나눌 수 있다. 얼마나 감동적인가! 《도덕경》와 《장자》를 읽으면, 우리의 경험에 비추어 그들의 철학적 가르침이 얼마나 훌륭한지 새삼 깨닫는다. 심지어 수천 년의 시간의 터널을 지나 이 선현들과 만나서 정신적 교감을 이룰 수도 있다. 누군가는 요즘 현대인은 서로 만나 얼굴을 맞대고 소통하기가 너무 어렵다고 말한다. 그런데 어떻게 마치 타임머신을 타고 수천 년 전으로 되돌아간 듯 과거의 선현들과 교감하고 소통할 수 있을까? 이는 우리가 비슷한 문화와 인식을 공유하고 있기 때문이다. 가령 우리가 《도덕경》과 《장자》, 《순자》와 《한비자》, 심지어 《논어》와 《맹자》, 《묵자》 등과 같은 고전을 읽고 의견을 공유하면서 소통하면 차이는 점점 줄어들 것이다. 대만 남북의 격차와 동서의 지역감정도 점차 없어지고, 심지어 양안관계도 개선될 수 있다. 우리가 문화와 전통의 '도'를 구현할 수만 있다면 사람과 사람, 대도시와 지방, 국가와 국가 사이의 거리와 격차, 이견과 오해는 사라지고 만다. 따라서 고전을 읽으면 나와 남의 거리를 좁히고, 시간과 공간의 제한을 뛰어넘을 수 있다. 고전을 읽고 선현과 대화를 나눔으로써 그들의 지혜를 현대인과 오늘날 우리 인간의 세상으로 끌어올 수도 있다.

고전의 눈으로 세계를 '관(觀)하다'

종교와 철학사상에는 사람을 감동시키고 교화시키는 기능이 있어서 사람들의 심금을 울린다. 그리고 우리에게 세상을 바라보는 눈, 즉 관점을 심어준다. 관점이란, 어떤 하나의 각도나 입장에 서서 나와 타인, 세상을 바라보는 창구이다.

사실 《도덕경》과 《장자》를 읽으면 우리는 모두 노자와 장자의 추종자가 되고, 그들의 가르침을 받아들인다. 노장사상은 유가사상과는 다소 차이점이 있지만, 중국인은 물론 전 세계인의 추앙을 받는 고전이라는 점에서는 같다. 오늘날 우리는 공자를 '지성선사(至聖先師)'로, 노자를 '태상노군(太上老君)'이라고 부른다. '지성'과 '태상', '선사' 대 '노군'은 모두 선현에 대한 최고의 존칭이다. 그래서 중국의 역사와 문화, 전통에서 이 두 사람은 동등한 위치에 우뚝 서 있다. 심지어 중국인의 인식 중 절반은 유가의 이상으로, 나머지 절반은 도가의 지혜로 채워져 있다고 말해도 무방하다. 중국인은 유가와 도가의 이상과 지혜를 바탕으로 2천여 년에 걸친 역사와 문화를 창조하고 발전시켜왔다. 이는 아마도 세계사에서도 유래를 찾아보기 어려울 것이다.

이른바 '관점' 또는 '안목'이란 어떤 의미일까? 혹시 당신에게는 이런 관점이나 안목이 있는가? 또한 우리는 습관적으로 '색안경을 끼고 세상을 바라본다.'라는 표현을 즐겨 쓴다. 심지어 '회색안경을 끼다.'라는 말도 사용한다. 만약 우리가 회색안경을 끼고 인생을 바라본다면 인생은 당연히 회색빛으로 보인다. 색안경을 끼고 세상을 바라보면 우리의 시선은 그 안경의 색깔에 오염된다. 당연히 대상 물체는 본연의 모습과 달리 왜곡되어 받아들여진다.

'관(觀)'의 철학적 함의는 '관조(觀照)', 즉 '바라보아 비춤'이다. 노자와 장자는 관조를 역설했고, 부처님도 관조를 강조했다. 이밖에 관조에는 '관락음(觀落陰)'이라는 특수한 민속적 의미도 담겨있다. 도교의 비밀스러운 영적 의식인 관락음에는 죽은 사람을 만나는 탐

망혼(探亡魂), 영계에 있는 자기의 집을 방문하는 원진궁(元辰宮), 지옥을 체험하는 유지부(遊地府) 등이 있으며, 대만 사람이라면 누구나 이를 잘 알고 있다. 이처럼 '관'은 나와 타인 사이의 장애물과 울타리를 뛰어넘고, 심지어 음양(陰陽)의 경계도 뛰어넘을 수 있다. 심지어 '관'을 통해 음양의 경계를 넘어 과거에 세상을 떠난 가족, 친구들과 재회하거나 대화할 수도 있다.

마음에 집착이 생기면 지척(咫尺)도 천애(天涯)가 되고 허정으로 관조하면 천애도 지척이 된다

'관'을 간단히 설명하면 '보는 행위'이다. 대만 사람들은 '보았지만 보지 못했다.(有看沒有到)'라는 표현을 즐겨 쓰는데, 이는 눈(육안)으로는 보았지만 마음으로는 보지 못했다는 뜻이다. 또는 '눈동자는 그곳을 향했지만 마음은 다른 곳에 가 있었다.', '형식만 갖추었을 뿐 실질적인 내용은 없다.' 등의 의미도 된다. 우리는 매일 같은 지붕 아래에서 살아간다. 그런데 아들딸은 정말로 부모를 바라보고 있을까? 남편은 아내를 제대로 보고 있을까? 가정은 가장 작은 규모의 사회이며 인간관계의 근본이다. 그래서 유가는 '천륜(天倫)'을 강조한다. 부모와 자녀, 형제자매, 부부, 연인 등 우리 모두는 제대로 상대방을 바라보고 있을까? 모든 사람은 각자 나름의 고민거리를 안고 살아간다. 우리 마음속에는 오만가지 고민의 실타래가 복잡하게 얽혀 있고, 상대방을 제대로 바라보지 않기 때문에 오해가 생긴다. 우리는 너무나 많은 시간을 들여 복잡하고 시끄러운 세상에 대해 생각하고 고민하지만, 정작 가장 중요한 가족 간의 정은 소홀히 대한다. 그들은 바로 우리 눈앞에 있다. 하지만 마치 높은 울타리에 가로막힌 듯 서로를 대한다. 결국 넘어지면 코 닿을 정도로 가까운 거리인 지척(咫尺)은 이 세상 끝의 낭떠러지인 천애(天涯)로 바뀐다.

따라서 도가의 '관(觀)'과 불교의 '관(觀)'을 이해하려면 먼저 '지척'과 '천애'를 떠올리면 된다. 이역만리 멀리 떨어져 살고 있는 사람도 이 '관'을 통해 관심을 보여줄 수 있다. 심지어 지구 반대편에서 발생한 끔찍한 재난에 대해서도 우리는 관심을 보이지 않는가! 이유는 아주 간단하다. 사람에게는 누구나 측은지심(惻隱之心)이 있기 때문이다. 그들이 지구상의 이름 없는 어느 곳에 살고 있든, 중동이든, 남미든, 그들이 겪고 있는 재해는 우리에게도 똑같은 고통으로 느껴진다. 우리가 그들의 재해 소식을 접하는 순간, 우리는 그들에게 공감하고 함께 연민을 느낀다. 이는 '관'의 오묘한 작용으로 인해 천애가 지척으로 바뀌었기 때문에 가능한 일이다. 중간에 그 어떤 매개체도 필요하지 않으며, 우리는 직접적으로 보고 느낄 수 있다.

그러므로 이 '관'은 우리에게 하나의 안목(眼光)을 준다. 이는 세속적인 의미의 안목과는 달리 어떤 이해타산도 없다. 중국인들이 타인을 비난하는 가장 심한 욕설은 아마도 '세리안(勢利眼)'일 것이다. '세리안'은 말 그대로 '명예나 권세의 눈으로 남을 바라보는 사람'을 가리킨다. '세리안'들은 혈육의 정, 친구 사이의 우정, 인간의 도리를 무참히 파괴하고, 오로지 명예와 권세, 돈만을 좇는다. 그래서 친구와 가족을 배신하고 심지어 나라도 팔아넘긴다. 그래서 사업에 크게 성공한 어떤 기업가는 아내와 함께 불교에 귀의해 스승의 안경을 쓰고, 증엄법사(證嚴法師, 1937~)와 성언법사(聖嚴法師, 1931~2009)의 안목으로 인생을 바라봄으로써 예전 자신의 편협했던 시야를 고쳤다고 한다. 이처럼 우리가 《도덕경》과 《장자》를 읽으면 태상노군(노자)과 남화진인(장자)의 안목으로 세상을 바라볼 수 있고, 《논어》와 《맹자》를 읽으면 공자와 맹자의 안목으로 세상을 살필 수 있다. 사람마다 이 세상을 보는 방식은 필연적으로 모두 다르기 때문에 우리는 이를 '세계관'이라고 부른다. 하지만 노자와 공자의 안목으로 인생을 바라보는 것, 이것이 바로 '인생관'이다.

관세음(觀世音)이 곧 관자재(觀自在)이고
이는 곧 세계관이자 인생관이다

세계관과 인생관은 우리 인간이 살아가는 가운데 가장 중요한 두 가지 관점이다. 불교에서 말하는 관세음은 세계관을 나타내고, 관자재는 인생관을 나타낸다. 우리 인간은 하늘과 땅 사이, 즉 인간 세상에서 태어난다. 그러니 당연히 세계관과 인생관을 가질 수밖에 없다. 이는 마치 우리가 부모, 형제자매, 아들딸과 함께 같은 처마 밑에서 살아가면서 서로에게 무관심하거나 냉대할 수 없는 이치와 같다. 만약 당신이 살아가면서 이 세상이 보이지 않거나, 삶의 여정 속에서 인생이 보이지 않는다면, 이는 당신의 삶에 큰 문제가 생겼음을 뜻한다. 그러므로 유가, 도가, 불교, 기독교와 같은 종교의 경전을 읽거나, 《논어》, 《맹자》, 《도덕경》, 《장자》 등의 고전을 읽어서 인생을 바라보고 인생의 문제를 해결하는 과정에서 당신만의 '인생관'을 가지게 된다. 또 경전이나 고전을 읽고 세상을 바라봄으로써 나뿐만 아니라 이 지구의 문제에 관심을 가지는 과정에서 '세계관'이 생긴다.

필자는 개인적으로 대만의 남부 도시 타이난(臺南)에 깊은 애착을 느낀다. 인생에서 가장 중요하고 아름다웠던 청년기를 타이난에서 보냈기 때문이다. 또 대만의 문화유적 가운데 '공묘(孔廟)'가 가장 소중하다고 생각한다. 그래서 '시간이 나면 한 번쯤 공묘를 보러 가야지.'라고 생각하는 사람은 단언컨대 영원히 공묘에 가볼 수 없다고 믿는다. 또한 필자는 과거 타이난사범학교에서 공부했는데, 나중에 모교를 빛낸 자랑스러운 동문(제1회 졸업생)에 선정되기도 했다. 그래서인지 타이난에 대한 유대감과 동질감이 매우 강하다. 그게 1959년의 일이었는데, 눈 깜짝할 사이에 반세기가 훌쩍 지나버렸다. 젊은 시절에는 청춘의 낭만을 간직하고 타이난에서 꿈을 좇아 정말로 열심히 노력했다. 필자는 신문에 '마음의 고향으로 되돌아와서'라는 제목의 글을 기고하기도 했는데, 청춘의 패기와 찬란했던 시간, 미래에 대한 무한한 기대와 꿈이 모두 그 시기에 펼쳐졌기 때문이다. 이렇게 과거의 우리 젊은이들은 '관'을 가지고 있었고 미래에 대한 꿈과 희망으로 가득했다. 안타깝게도 요즘 젊은이들은 꿈과 희망을 잃어버린 채 너무나 일찍 세속화된 듯하다. 가장 소박한 꿈도 잃어버리고 세계관과 인생관도 상실한 듯하다. 가상의 사이버 세상에 들어간다고 해서 볼 수 있는 것은 없다. 눈으로는 보지만 마음으로는 보지 못할 뿐이다.

천안(天眼)과 도안(道眼)으로 세계를 바라보다

지금 우리가 논하고 있는 '관'은 육안(肉眼)으로 세계를 바라보는 행위가 아니다. 육안으로 세상을 보면 눈앞의 사물과 현상에만 집착하여 먼 미래를 내다볼 수 없다. 또 심안(心眼)으로 세상을 보면 옹졸해지고 완고해질 수 있다. 이 두 가지가 합쳐지면 그야말로 '세리안'이 되어 세상을 우습게 여기고 인생을 죽은 것으로 취급하게 된다. 이처럼 육안으로 세상을 보면 오류가 발생하고, 심안으로 세상을 보면 세리안이 생긴다. 그 결과 중년의 위기, 결혼 생활의 위기, 가정의 위기가 닥친다. 어떻게 하면 이런 위기에서 벗어나거나 미연에 방지할 수 있을까? 반드시 '천안(天眼)'으로 세상을 바라보아야 한다. 그래야만 천륜을 지키고 가정의 평화를 유지할 수 있다.

따라서 우리가 지금 논하는 '관'은 도가의 '관'이자 철학자의 '관', 종교인의 '관'이다. 또한 공자와 노자의 안목을 통해 세상의 참모습을 바라봄으로써 진인(眞人)이 되어야 한다. 진인은 무심(無心)하고, 자유로우며(自在), 허정으로 관조하는 가운데 인생의 진정(眞情)과 세상의 참모습을 드러낼 수 있기 때문이다.

병원 신생아실에서 갓난아기의 얼굴을 보면서 우리는 어떤 느낌을 받는가? 아기의 눈망울은 천진(天眞)과 희망이 가득하다. 인생이 희망으로 채워져 있다면 그 세계는 아름답다. 그런데 왜 성장하면서 그 모든 아름다움을 잃어버릴까? 우리는 살아가면서 거짓말을 하고 참된 모습을 감추기 시작한다. 왜냐하면 참된 말과 참된 모습을 보이면 우리의 약점이 드러난다고 착각하기 때문이다. 또한 자신을 보호하기 위해 상대방에게 나의 진심을 드러내지 않는다. 심지어 연인이나 부부 사이에서도 마찬가지다. 우리 내면의 사랑과 상대방에 대한 고백을 주저하고 표현하기를 두려워한다. 마치 사랑을 고백하면 패배자가 된다는 두려움에 사로잡혀 있는 듯하다. 사랑의 표현은 분명 큰 영광이고, 용기이며, 아름다움이다. 그런데 언제부터 사랑이 이처럼 왜곡되고 참모습을 상실했을까? 모든 사람은 마음속에 사랑을 간직하고 있다. 하지만 상처받기 싫어서 애써 사랑을 감추고 표현하기를 주저하는 것은 아닐까?

'관'을 통해 잃어버린 '진정(眞情)'을 되찾아라

하지만 사랑이 사라지면 이 세상은 마치 황무지와 같다. 사랑이 사라진 인생은 알맹이가 빠진 껍데기에 불과하다. 따라서 우리는 '관'을 통해 이 세계와 인생의 잃어버린 참모습(眞相)을 직접 비추고 진정(眞情)을 직접 되찾아야 한다. 다른 매개체를 통하지 않고 이해관계에도 얽매이지 말아야 한다. 남편은 직접 아내를 바라보고, 부모는 진심을 가지고 직접 자녀를 바라보아야 한다. 더 이상 자녀의 성적과 등수만 보아서는 안 된다.

젊은 시절에 필자는 사범학교를 졸업한 뒤 고향의 초등학교에서 아이들을 가르쳤고, 사범대학을 졸업한 뒤에도 역시 고향으로 돌아와 중·고등학교 교사가 되었다. 시험이 끝나면 항상 성적순으로 성적표를 나눠주었다. 그래서 꼴찌에 가까워지면 아예 성적표를 바닥에 휙 집어던진 채 알아서 집어가라고 소리치곤 했다. 부끄럽지만 그 당시의 필자는 아직 《도덕경》이나 《장자》를 읽지 않았고, 심지어 《논어》와 《맹자》도 깊이 있게 읽지 않았다. 그래서 필자에게는 '관'이 결여되어 있었고, 학생들을 오로지 점수로만 평가하고 대우했다. 부모는 자녀가 다른 아이들보다 뛰어나기를 바라고, 교사도 이 학생이 다른 학생보다 월등해지기를 바란다. 하지만 그 아이들은 이 세상에서 누구보다 서로 친한 친구들이다. 그런데도 학교와 가정 어디에서도 인정받고 격려 받지 못한다. 부모가 자녀를 있는 그대로 인정하지 않고, 교사가 학생들에게 자기를 부정하라고 몰아붙

이는데, 아이들이 어떻게 자신의 본모습을 잃지 않고 천진함을 유지할 수 있을까? 따라서 우리는 관조의 안목(眼光)을 되찾아야 한다. 수천 년 동안 면면히 이어져온 중국 문화와 전통이 담긴 고전과 진정이 담긴 안목을 되찾아야 한다. 그래서 가짜를 진짜로 바꾸고, 천애를 지척으로 바꾸며, 잃어버린 세계와 인생을 되찾아야 한다. 이것은 오직 '관'을 통해서만 가능하다.

'관'은 곧 '관조(觀照)'이다. '조(照)'는 '비추어서(照) 드러내다(現)'로서 '한 번 보고 금방 알아차리다'의 뜻을 내포하고 있다. 우리는 공자의 천안(天眼)과 노자의 도안(道眼)으로 우리 인간의 세상을 바라보아야만 직접 바라볼 수 있다. 따라서 인생을 올바로 이해하고 싶다면, 먼저 그런 안목을 통해 '바라볼' 수 있어야 한다. 그러면 이 세계는 활짝 펼쳐지고 인생은 더 없이 넓어진다. 그런 안목을 통해 바라본다면 우리는 인생의 아름다움을 영위하는 길을 개척할 수 있게 된다.

고전과 경전의 안목을 통해 세상을 바라보아라.
그러면 너와 나 사이의 장벽과 울타리를 깨뜨려 없앨 수 있다.
천애는 지척으로 바뀌고, 잃어버렸던 진심과 진정을 되찾을 수 있다.

제**6**장
자유롭고(自在) 자득(自得)한 가운데
본연(然)의 모습을 찾다

우리는 살아가면서 언제나 나 자신의 '본연(然)'을 추구하고,
또 그렇게 살아가려고 노력한다.
'본연'은 올바른 나이고, 내가 좋아하는 것이며,
내 본래의 참모습이다. 우리가 '본연'을 찾고 또 얻으려면
먼저 '행해서' 성과를 거두어야 한다. 다른 사람들이 '말해주는'
가운데 그것이 우리의 '본모습(然)'이라고 인정받을 수 있다.

물(物)이 도(道) 안에 있으면 '본연(然)'을 얻을 수 있다

도(道)란 무엇인가? 공자의 도, 기독교의 도, 불교의 도, 노자의
도, 알라의 도, 이른바 세계 5대 종교들은 각자 나름의 '도안(道眼)'
을 통해 우리의 마음과 도량을 넓혀주고 인생을 행복하게 살 수 있
도록 이끌어준다. 인생의 길은 수백 또는 수천 갈래나 된다. 당신은
그중에서 어떤 길을 걷겠는가? 당연히 합리적인 길을 선택할 것이
다. 이것이 바로 오랜 세월 동안 우리 인간이 끊임없이 언급하고 추

구한 '도리(道理)'다. 이 도리에 맞는 길을 걷는다면 우리의 삶은 합리적으로 바뀌고 타인을 공정하게 대할 수 있게 된다. 이런 길을 '도의(道義)'라고도 부른다.

타인에 대한 사랑에도 공정함이 필요하고 반드시 그 상대방의 동의를 얻어야 한다. 상대방의 동의를 얻지 못한 사랑이라면 결코 성립할 수 없다. 바꿔 말해서 타인을 사랑하기 위해서는 행위자인 나와 대상자인 상대방 모두의 인정과 동의를 얻어야 한다. 그래야만 비로소 사랑이 성립할 수 있다. 사랑은 결코 독재와 지배가 아니기 때문이다. 마치 대만이 지난 40여 년의 권위적 통치기를 끝내며 오늘날 인권을 중요시하는 민주사회로 탈바꿈하고, 중요한 국가 시책은 여야가 합의하여 결정하는 시스템을 구축한 사례와 같다. 대만 원주민을 예로 들면, 그들은 사회적으로 소수자이며 상대적인 약자들이다. 그럼에도 우리는 여전히 그들을 성원하고 지지한다. 그래야만 민주사회의 인권과 자주, 화합이 가능하기 때문이다. 대만사회가 이룩한 가장 큰 성과는 민주와 인권 수준을 서양 선진국 수준으로 끌어올렸다는 점이다. 이것이 바로 '도'이자 '합리'다.

필자는 이를 《장자》의 다음 구절을 인용하여 설명하고자 한다.

'길은 사람들이 지나다니기 때문에 만들어지고, 만물은 그렇게 불러주었기 때문에 그러하다(道行之而成 物謂之而然).'

우리는 수십 년의 노력을 통해 겨우 한 분야의 전문가가 되는데, 그 정도에 따라 '애호가', '마니아', '오타쿠'라고 부른다. 여기서 중요한 점은 우리가 수십 년의 시간을 그 분야에 투자하고 파고들어 내공을 쌓았는가의 여부다. 가령 공자와 맹자의 사상이나 노장사상을 연구한 학자가 대표적이다. 그러면 우리는 왜 구태여 고전이나 경전을 인용하려고 애쓸까? 개인의 이론이나 관점은 자기만의 것일 뿐 남들이 인정하고 인용하지 않는다.

반면 고전이나 경전은 수천 년에 걸친 문화와 정신의 축적물이므로, 모든 사상가가 애써 연구하고, 사고하며, 시간과 공간을 초월하여 함께 논의할 가치가 충분하기 때문이다. 따라서 대만 학자인 필자도 이런 고전과 경전의 구절을 인용할 수 있고, 바다 건너 중국의 학자나 친구도 마찬가지다. 서로 인용하고, 연구하고, 읽음으로써 함께 교류하고 소통할 수 있다.

젊은이는 자신의 이상(理想)과 생명력을 펼쳐야 한다. 그러기 위해서는 먼저 '행해야' 한다. 그래야만 사람들이 그것을 감지하고 '말해줄' 것이다. 바로 젊은 여러분들이 '행해서' 성과를 거두어야만, 다른 사람들이 '말해주는' 가운데 그것이 우리의 '본모습(然)'이라고 인정받을 수 있다.

인간은 만물의 하나이며 동시에 만물의 영장이다

이전에 포대희(布袋戱, 인형에 손을 넣어서 조종하는 대만 민속예술의 하나-역자 주)인 '운주대유협(雲州大儒俠)'을 볼 때면 이런 갈등 장면이

220

나온다. 주인공 사염문(史艷文)이 무대 밖으로 사라지면 상대방이 어김없이 "방금 왔다 간 사람이 그 유명한 사염문인가?"라고 묻는다. 그러면 사염문은 항상 "그렇네(然也)."라고 대답한다. 이때의 '그렇다(然)'는 등장인물 중 하나인 괴노자(怪老子)가 입버릇처럼 외치는 "모두 다 그렇게 말하는군."이란 대사의 '그렇게(然)'이다.

우리 인간은 누구나 살아가면서 자신에게 속한 '본연(然)'을 찾고, 또 추구하려고 애쓴다. '본연'은 내가 '좋아하는 것'이고, 나의 본모습이며, 나 자신 그 자체다. 가령 뽐내고 자랑할 만한 일이 생겼을 때 우리는 당당하게 "맞아, 바로 나야."라고 이야기하며 나를 드러내지 않는가! 우리는 부모와 선생님께 칭찬받고 싶고, 또래들에게 인정받고 싶은 욕구가 있다. 이것이 바로 '본연'이다. 그러나 우리의 '본연'의 모습을 얻으려면 먼저 그것을 실천하여 성과를 내야 한다. 그래야만 모두들 그 사실을 말해줄 것이고, 그 후에야 비로소 '본연의 모습(然)'이라고 인정받을 수 있기 때문이다.

우리는 만물의 하나이며 동시에 만물의 영장(靈長)이다. 여기에서 '영(靈)'은 바로 '마음', '심령(心靈)', '정신' 등을 뜻한다. 이 '영'은 우리의 마음속에 삶이 끝나는 순간까지 영원히 동경하고 추구할 수 있는 '도'를 심어준다.

만물의 '영'은 천도를 구현하는 가운데
하늘을 대신하여 도를 행한다

인간이 만물의 영장인 만큼 이 '영' 덕분에 지구의 주인이 될 수 있었다. 오늘날은 과거와 사뭇 다르다. 우리가 지구의 주인인 이유는 지구상의 모든 동물을 사냥하여 잡아먹을 수 있기 때문이 아니다. 오히려 지구 생태계와 희귀 동식물을 보호할 수 있기 때문이다. 인간의 '영'은 마치 창조주 하느님과도 같고 부처님과도 같다. 인간의 '영'은 천도이자 천리다. 즉, 우리는 우리의 영을 통해 천도와 천리를 실천하고, 기독교의 사랑과 불교의 자비를 구현함으로써 지구를 보호하며, 지구상의 만물이 멸종되지 않도록 보호한다.

현대 세계에서는 더 이상 과거처럼 서양이 동양을 지배하고, 강대국이 약소국을 공격해서는 안 된다. 지구는 오직 하나뿐이기 때문이다. 오늘날 《논어》와 《도덕경》은 전 세계인의 애독서로 자리매김하고 있으며, 이들 고전의 가치는 점차 세계화되는 추세다. 아마도 인간과 만물의 존재의 이유에 대한 합리적인 길을 제시해 주고 있기 때문이다. 오늘날 서양과 아랍 지역은 독자 노선을 추구하며 끊임없이 충돌과 갈등을 겪고 있다. 그 이유는 그들의 가치가 아직 세계화되지 않았기 때문이다. 다가올 미래에는 전 세계적으로 종교 갈등이 가장 첨예하게 대두될 것이다. 기독교와 이슬람교 모두 사랑을 강조하는데, 그 사랑은 지구의 모든 인류에 대한 사랑이 아니란 말인가? 그렇기 때문에 그들은 조물주의 이름으로 전쟁을 일으켜 서로를 살생한다. 이런 난제를 해결하려면 무엇보다 유가와 도가, 불교의 가르침을 받아들여 두 세력을 연결하는 다리를 만들고, 대화와 소통을 시도해야 한다. 오늘날 중국은 급격하게 성장하고 있는데 그 원동력은 어디에 있을까? 바로 국가 간의 예상 가능한 분쟁을 미연에 해소할 능력이 있고, 심지어 파괴적인 전쟁을 피할 능력을 갖추고 있기 때문이다.

'도'는 만물에게 보금자리를 만들어 주었다

고전을 읽는 이유는 단순히 내 삶의 평안함만을 추구하기 위해서가 아니다. 인류 전체의 미래와 세상 만물의 실존을 위한 올바른 길을 찾고, 나아가 인간과 만물이 조화를 이루고 공존하기 위해서다. 우리는 신을 부르는 주문(呪文)인 '천령령 지령령(天靈靈 地靈靈, 하늘과 땅에는 영이 가득하다는 뜻-역자 주)'이라는 말을 자주 하는데, 사실 하늘의 '영'과 대지의 '영'은 인간의 각성에 의해서만 천지의 '영'의 빛을 발현할 수 있다. 인간이라는 매개체가 없다면 '하늘을 불러도 응답하지 않고 땅을 불러도 영험하지 않다.'가 될 수도 있다.

중국 속담에 '하늘도 공평하고 땅도 도를 따른다(天公地道).'라는 말이 있는데, 이는 바꿔 말하면 '매우 공평하고 정의롭다.'라는 뜻이다. 공평함과 정의로움도 인간이 제 역할을 수행해야만 실현될 수 있다. 따라서 만물의 영장인 우리 인간이 세상 만물의 실존을 위한 합리적인 길을 찾아야 한다. 그것이 다름 아닌 '도'이며, 세상 만물은 이 '도' 안에서 살아가야 한다. 공자는 우리에게 '도'를 전수했는데, 이는 《논어》에 상세히 기술되어 있다. 따라서 《논어》와 《맹자》를 읽으면 하나의 세계관과 인생관을 얻을 수 있다. 우리는 유가의 가르침을 이용해 아름다운 삶을 영위할 수 있다. 마음속의 사랑을 이용해 사람을 어질게 대하고(仁民), 사물을 사랑할(愛物) 수 있으며, 나아가 이 세계를 사랑할 수 있다. 이 '도'는 만물의 실존을 아주 합리적으로 설명할 수 있으며, 이 세상 만물에게 편하게 몸을 의탁할 수 있는 보금자리를 만들어 줄 수 있다.

돌아갈 보금자리가 없다는 것보다 더 슬픈 일이 있을까? 따라서 우리가 행하는 '도'는 모든 사람에게 자기만의 보금자리를 찾아 몸을 의탁할 수 있도록 도와준다. 심지어 우리는 인도주의적 관심과 사랑을 통해 이미 세상을 떠난 사람에게도 하나의 집과 하나의 세계를 만들어줄 수 있다. 대만 사람들은 '가족은 죽으면 또 다른 세계로 간다.'라는 표현을 즐겨 사용하는데, 필자는 개인적으로 이런 인식과 표현을 좋아한다. 왜냐하면 나이 든 부모님이 세상을 떠나더라도 그들은 또 다른 세계로 갈 것이고, 나도 언젠가 세상을 떠나면 그 세계로 가서 부모님을 다시 만날 수 있기 때문이다. '이승'과 '저승'이라는 말만 보아도 그렇다. 이 말에는 따뜻한 인정과 인간미가 가득하다. 곧 생을 마감할 사람에게 '이 세상을 떠나면 나는 도대체 어디로 가는 걸까?'와 같은 불안감을 해소해 주지 않는가! 중국 5대 10국(五代十國, 907~960) 시대의 시인 강위(江爲)가 지은 '임형시(臨刑詩)'의 한 구절 '황천 가는 길에는 주막도 없는데, 오늘 밤에는 누구 집에서 하룻밤을 묵어갈까?(黃泉無客店 今夜宿誰家)'처럼 고혼(孤魂)이 황천으로 가는 길은 멀고도 막막하다. 삶과 죽음, 음과 양은 서로 갈라져서 다시 만나기 어렵다. 하지만 어차피 그들은 우리가 가장 사랑하는 가족 아닌가? 이처럼 '도'는 모든 사람에게 돌아가 몸을 의탁할 보금자리를 마련해 준다. 곧 세상을 떠나려는 사람에게는 물론, 이미 세상을 떠난 사람에게도 마찬가지다. 이것이 바로 이른바 '도'이다.

'도'는 실행해서 성과를 내야 하고
'물(物)'은 이름을 불러야 본모습(然)'을 찾는다

'물(物)'은 '도' 안에 머물러야 한다. 만약 '물'이 '도' 안에 머물지 않으면 그 어떤 것도 아니다. 모든 사람은 태어나는 순간부터 살아갈 권리, 즉 생존권을 가진다. 생존권은 인간이라면 누구나 누려야 할 인권(人權) 가운데 가장 근본적인 권리다. 중국이 급성장하려면 '도'를 추구해야 한다. 경제력과 국방력은 부차적인 요소에 불과하며, 문화와 전통이 담긴 고전에 기대야 한다. 1996년 5월, 리덩후이(李登輝) 대만 총통이 취임식 연설에서 '대만의 존엄과 영예(榮譽)를 발현하며 신중원(新中原)을 세우겠다.'라고 선언한 취지가 바로 여기에 있다. 즉, 대만을 중심에 두고 세계를 향해 나아가야만 인간 세상의 아름다움을 현실화할 수 있다는 의미다. 우리는 먼저 '실행해야만(行之)' 남들이 그렇게 '불러준다(謂之).' '행지(行之)'는 실천을 뜻하고, '위지(謂之)'는 타인으로부터의 평가를 의미한다. 역사에는 정설(定說)이 있고 사회에는 공정한 판단이 따른다. 따라서 자신만 올바르고 떳떳하다면, 설령 일시적으로 인정받지 못하거나 오해를 사더라도 진실은 곧 밝혀지게 마련이다. 이런 상황을 '실행하여 성과를 냈기 때문에(行之而有成) 남들이 불러주었고, 마침내 그러하게 되었다(謂之而得然).'라고 말한다. 이렇게 된 이후에야 비로소 '존엄과 영예'를 발현할 수 있게 된다.

인생에서 가장 크고 중요한 일은 '존재(在)'다. 그리고 인간은 이 세상에 존재한다. 우리가 이 세상에 존재할 수 있었던 이유는 부모님이 낳아주셨기 때문이다. 또한 부모님의 사랑과 보호를 받고 형제자매의 우애를 나누며 성장했기 때문에 존재할 수 있었다. 하늘에서 벼락이나 천둥이 쳐서 깜짝 놀랄 때, 부모님은 우리를 감싸 안고 놀라지 말라며 안심시켜 주신다. 이때 느끼는 안도감이 우리를 생존하고 성장하게 만들었다.

인생에서 두 번째로 크고 중요한 일은 '얻음(得)', 즉 성취감이다.

우리가 존재할 수 있었던 이유는 가족의 사랑 때문이고, 사랑은 우리에게 보호받고 안전하다는 느낌을 주었다. 성취감은 먼저 학교에서 배우고 가치를 추구하는 과정에서 얻는다. 이 둘이 합쳐진 것이 바로 '본연(然)'이다. 우리는 '본연'을 통해 존엄하고 영예로운 인생을 영위할 수 있다. 인생에서 존엄과 영예는 그 무엇보다 중요하다. 대만 사람들의 존엄은 대만인 모두가 떨쳐 일어나 스스로 추구해야 하며, 대만인의 영예도 직접적인 실천이 전제되어야 얻을 수 있다. 하지만 대만인들은 이 사실을 제대로 자각하고 있을까? 작은 섬나라 대만은 지난 수십 년긴 지속적인 투쟁과 노력을 통해 세계가 깜짝 놀랄만한 성과를 거두었다. 비록 요즘은 경제가 많이 침체되어 있지만, 그럴 때일수록 우리는 더욱 더 스스로를 인정하고 자존감을 높여야 할 것이다.

가정에서의 '존재'에서 시작하여 학교에서의 '성취'를 거쳐, 우리는 사회로 나아간다. 사회의 일원으로 열심히 일하고 노력하는 과정이 바로 우리들의 '본연'이다. 우리가 인생에서 진정으로 필요한 것은 바로 이 '본연'이다. 당신은 성과를 거두고 싶은가? 그러면 실행해야 한다. 실행은 반드시 '도'에 맞아야 한다. '도'는 합리적이어야 하고, 인도주의적 관심과 사랑을 보여주어야 하며, 세상 만물에게 보금자리를 찾아주는 방식으로 실행해야 한다. 우리가 자원봉사나 사회사업에 참여하는 이유가 무엇일까? 바로 인도주의적 관심과 사랑을 실천하기 위해서이고, 세상 만물에게 보금자리를 찾아주기 위해서다. 이런 사심 없는 활동과 헌신 과정에서 좋은 평가를 받을 수 있는데, 그 평가가 다름 아닌 '위지(謂之)'다.

도법자연, '본연(然)'은 나 자신에게서 나온다

이제부터 앞서 언급한 '길은 사람들이 지나다니기 때문에 만들어지고, 만물은 그렇게 불러주었기 때문에 그러하다(道行之而成 物謂之而然).'라는 구절로 인생을 논해보고자 한다. 우리는 왜 고전을 읽는가? 단지 고전에 나오는 특정 구절을 암기하기 위해서일까? 위의 두 구절만 완전히 통달하여 제대로 활용할 수 있어도 우리는 인생의 중요한 고비 때마다 인생의 의미를 합리적으로 이해할 수 있고, 보편화된 가치와 이념을 해석하고 전파할 수 있다.

사실 이 두 구절은 매우 단순하다. 도를 실행하는(行之) 데서 시작하여 마지막에 물(物)의 본연(然)에 이르기까지, 인생의 가치와 의미가 바로 여기에 있다. 우리는 사랑하는 사람을 위해, 또한 인생에서 중요한 일을 위해 노력하고 있고 또 그렇게 해야만 한다. 이것이 바로 우리 삶의 '본연'이다. 그리고 도가의 가장 큰 가르침도 바로 이 '본연'이 어디에서 왔는지 묻는 것이다. 노자는 이 질문에 '도법자연'이라고 대답한다. 여기에서 '자연(自然)'은 우리의 눈에 보이는 시각적인 자연, 또는 자연과학의 대상인 자연이 아니다. 물리나 화학, 천문학이나 지질학과 같은 과학에서는 이 세상을 구성하는 이치와 규칙을 다룬다. 하지만 노자가 말한 도법자연이란, 도(道)의 본질이 바로 '자연'이라는 의미이다. 그러면 무엇이 '자연'인가? 글자그대로 '스스로(自) 그러하다(然)'이다. 철학적인 관점에서 해석하자면 '그러함(然)'은 '자기 자신'에게서 나온다.

우리가 일생을 통해 누리는 삶의 아름다움은 모두 자기 자신의 성장 과정에서 나온다. 그리고 자신의 마음 씀씀이와 자신의 투자와 노력에서 나온다. 모든 삶의 아름다움은 우리가 투자하고 노력한 만큼만 얻을 수 있다. 또한 우리 자신이 선행과 덕행을 실천했기 때문에 그만큼 복을 받는다. 이렇게 해야만 우리는 진정으로 밝게 빛나고, 존엄하고 영예로워질 수 있다.

스스로를 구속하고 타인에게 의지하지 말며
자유롭고 타인에게 의지하지 않는 길을 걸어라

'자연'의 반대 개념은 '타연(他然)'이다. 이는 자기 자신에게서 비롯된 본래의 모습이 아닌 '외부에서 가해져 만들어진 모습'이라는 뜻이다. 이 세상에 태어나 결혼과 사랑 등에서 남들보다 앞서기 위한 경쟁에만 몰두해야 하는가? 모든 인간은 독립적인 개체로서 각자 자신만의 인격을 갖고 있다. 자신의 인격에 대한 자신감이 가득하기 때문에 타인의 사랑도 받아들일 수 있다. 사실 타인의 사랑을 받아들이는 일에도 큰 용기와 능력이 요구된다. 자신감이 부족한 사람의 삶은 점점 '타연'해지고, 스스로를 구속하게 된다. '자연'이란, 우리의 마음이 타인이 아닌 자기 자신에게 기대는 상태를 가리킨다. 우리의 마음속에 '도'가 자리 잡고 있는 상태가 자연이다. 우리는 이처럼 '본연(然)은 바로 나 자신에게서(自) 나온다.'라는 신념을 확고하게 가진 사람과 서로 친구가 될 수 있고, 서로 사랑하여 결혼에 이를 수도 있다. 이런 신념의 소유자는 결코 자신의 인격이 쉽게 흔들리지 않으므로 '타연'해지지 않는다. 독립적 인격을 갖춘 사람은 '본연'이 자기 자신에게서 나오고, 타인과 교류할 때도 여유를 갖고 자유로울 수 있으며, 평생 동안 광활한 하늘을 이고 살아갈 수 있다.

도가적 사고방식에 따르면 '자재(自在)', '자득(自得)'은 '자연'과 속성이 동일하다. 나 자신이 스스로 존재함(在)으로써 자재(自在)하고, 나 자신이 스스로 얻음(得)으로써 자득(自得)하며, 나 자신으로부터 나온 그러함(然)이 바로 자연(自然)이다. 이런 인식의 성장 과정을 통해 우리는 독립적이고 자유로운 인격을 갖게 되고, 서로를 구속하지 않으면서 서로에게 광활하고 막힘없는 영역을 제공할 수 있다.

'자재'의 반대 개념은 '타재(他在)'로, '스스로를 구속하여(自困) 자유롭지 못하다'라는 뜻이다. 또한 '자득'의 반대 개념인 '타득(他得)'은 '스스로에게 고통을 가하다(自苦)'라는 의미다. 자신의 존재(在)가 타인에 의해 이루어졌을 때, 자신의 득(得)이 타인에 의해 주어졌을 때, 다시 말해서 자신의 모든 '존재'와 '성취'가 타인에 의해 이루어졌을 때, 우리는 이런 상황을 자주(自主)를 상실한 '자곤(自困)', '자고(自苦)'라고 부른다.

이런 상황이 되면 우리는 일생 동안 자율성을 상실한 채 아무런 확신도 할 수 없다. 아주 작은 돌발 상황이나 의외의 일이 벌어져도 우리는 무기력하게 허둥지둥하며 제대로 된 대응을 할 수 없다. 따라서 우리는 '자재'와 '자득'을 되찾아야 한다. 이것이 바로 도가의 '도법자연'이 우리를 낳고(生) 키우는(成)의 원리이다.

　인생의 길은 어디에 있는가? 다름 아닌 우리의 '본연(然)' 속에 있으며, 이는 우리 자신에게서 나온다. 부모가 자녀를 정성껏 돌보고 키우는 이유는 언젠가 부모가 세상에 없을 때 스스로 자신을 돌볼 수 있기를 기대하고 희망하기 때문이다. 교사가 학생을 지도하는 이유 역시 학생이 졸업 후 사회에 나갔을 때 교사의 도움 없이도 스스로 성장하고 자신만의 길을 걸어갈 수 있기를 희망하기 때문이다.

모든 아름다움은 자기 자신의 마음 씀씀이(用心)와
투자와 노력에서 나온다.
우리가 선행과 덕행을 베풀면 그만큼 복이 따라온다.
그래야만 우리는 비로소 진정으로 밝게 빛나고,
존엄하고 영예로워질 수 있다.

제 **7** 장
자신의 참됨(眞)으로써 삶을
아름답게 즐겨라

> '더 이상 필요하지 않아.'라고 나 스스로에게 말할 수 있는 것,
> 이것이 도가의 지혜다.
> 당신에게 더 이상 필요하지 않게 되었을 때,
> 하늘은 비로소 더 없이 광활해지고, 진정한 자유를 얻을 수 있으며,
> '본연'을 찾고 추구하는 삶을 영위할 수 있다.

명(命)을 이해하고(認) 운용하여(運) 나 자신만의 삶을 살다

《장자》'양생주'편에는 '내 삶에는 끝이 있지만 앎에는 끝이 없다.'라는 유명한 구절이 나온다. 이보다 더 우리 인간의 존재와 처지를 적절하게 표현한 말이 있을까? 즉, 인간의 삶은 유한해서 100년도 채 살지 못한다. 이것이 인간의 '명(命)'이다.

부부는 원래 생면부지의 남이다. 그런 두 사람이 부부의 연을 맺어서 수십 년을 함께 살고, 자녀를 낳아 애지중지 키운다. 자녀는

부모와 운명공동체를 형성한다. 또한 자녀를 아끼고 사랑하기 위해서 부부의 감정을 소중히 유지한다. 이 상황을 잘 설명하는 중국 속담이 바로 '스님의 체면은 못 봐줘도 부처님의 체면은 봐 주어라(不看僧面看佛面).'이다. 이는 관계있는 제3자의 입장을 감안해서 상대방을 용서해 주라는 뜻이다. 수십 년 동안 부부의 인연을 이어가고 아침저녁으로 얼굴을 맞대다 보면 짜증나는 일도 생기기 마련이다. 일상생활 자체가 집 안에서 이루어지므로 집에 머물러 있는 매 순간 그 자체가 시험과 고난의 연속이다. 집안일은 해도 해도 끝이 없고, 자녀는 뒤를 졸졸 따라다니며 사고를 치기 때문에 괴로움은 끝이 없다. 하지만 나는 나일 뿐 타인이 될 수는 없다. 우리가 위인전을 읽는다고 해서 그 위인이 될 수는 없다. 인생에는 오직 하나의 길밖에 없다.

'나 자신의 인생'을 사는 길뿐이다. 이를 위해서는 외모와 같이 선천적으로 타고난 '명(命)'은 물론 재능과 같이 후천적으로 개척한 명도 함께 이해해야 한다. '명을 이해한다(認命).'라고 함은 인간을 포함한 모든 생명체의 특수성을 이해하는 것이다. 가령 자녀의 존재는 부모의 삶이 한 차례 더 이어졌음을 뜻하며, 이는 '명'의 연속성과, 이미 정해진 '명'의 극복 가능성을 동시에 의미한다. 따라서 우리는 배우자의 눈치만 보지 말고, 훨씬 더 중요한 존재인 자녀의 눈치도 살피는 지혜가 필요하다.

'명'을 제대로 이해하려면 먼저 키, 몸무게, 외모 등을 이해해야 한다. 필자의 경우 키에 가장 민감하다. 명을 이해하고 난 다음 단계는 '명'을 운용하는 것(運命)이다. 필자는 타이난사범학교에 다닐 때 탁구 및 테니스 대표였다. 필자에게는 두 선수가 1 대 1로 맞대결하는 스포츠가 가장 적합했다. 키가 작기 때문에 탁구장과 테니스장이 필자의 실력을 펼치기 가장 좋다고 스스로 판단했다. 인생 전체를 되돌아보면 필자 같은 사람도 운동선수가 될 수 있음을 보여준 점이 가장 큰 성과였다고 생각한다. 재능 면에서 살펴보면, 필자는 고등학교 시절 문학과 사색을 좋아했다. 그래서 대학은 국문과에 갔고, 대학원은 철학과에 진학했다. 비록 그 당시에는 비인기 학과였지만, 강산이 세 번쯤 바뀐 지금은 이미 인기학과로 바뀐 지 오래다. 이처럼 명(命)은 처음부터 하늘이 정한 것이지만, 어떻게 운용하는가(運)에 따라 언제든지 바뀔 수 있다.

그는 타득(他得)의 곤경에 빠져 있다

《장자》'양생주'편의 '나의 삶에는 끝이 있다(吾生也有涯).'라는 구절에서 '유애(有涯)'는 결국 '명(命)'을 뜻한다. '앎에는 끝이 없다(知也無涯).'라는 구절에서 '앎(知)'은 심지(心知), 즉 '마음의 지각(知覺)작용'을 뜻한다. 노자와 장자의 '앎'은 우리가 흔히 생각하는 지식이나 인지(認知)로 이해해서는 안 된다. '앎'이란, 우리가 책을 읽어서 얻는 지식이 결코 아니다. '앎에는 끝이 없다.'란, 오히려 마음속의 집착이 너무 많고, 계속 변화하며, 지속적으로 커짐을 뜻한다. 이를 가장 알아듣기 쉽게 설명하자면 "너는 갖고 싶은 게 너무 많아!"이다. 우리의 삶은 유한하고 나는 나일뿐이다. 그래서 우리는 밖에서 친구를 만나고 서로 교제한다. 친구를 사귀는 이유는 인생의 아름다움을 함께 나누기 위해서다. 친구를 사귐으로써 나 자신을 키우고, 더욱 풍부하게 하며, 나 자신을 한 단계 업그레이드하기 위해서다. 그러면 친구의 아름다움이 나의 아름다움으로 전환되어 행복한 삶을 영위할 수 있게 된다.

지금 이 사회에는 없는 것이 없다. 우리는 무엇이든 손에 넣고 싶어 하는데, 이것은 어느 누구든지 마찬가지다. 아무리 친한 친구 사이라도 경쟁자가 될 수 있다. 서로간의 경쟁이 치열해지면 스트레스는 더욱 커지고 앞에서 말한 '앎에는 끝이 없는' 상황이 전개된다. 마지막에 가면 '타재(他在)', '타득(他得)'의 곤경 속에 빠져 '타연(他然)'의 운명을 살아갈 수밖에 없다. 돈과 명예, 권력을 추구하다가 자아를 상실하거나 심지어 천애(天涯)를 유랑할 수도 있다.

타연(他然)을 벗어나 자연(自然)으로 되돌아오다

삶의 측면에서 보면, 이는 '자곤(自困)'이며 '자고(自苦)'의 상태다. 돈과 명예와 권력에 집착하면 일생에서 가장 큰 자곤(困苦)이 생겨 고통을 받는다. 예를 들어보자. 우리는 어렸을 때부터 1등이 되라는 압박과 잔소리를 들으며 산다. '1등이 되어라.'는 마치 인생 최대의 주문이 되어 도저히 벗어날 수 없다. 하지만 우리가 좀 더 일찍 노자와 장자의 책을 읽었다면 '자곤'과 '자고'에서 벗어나 '자유'와 '자재'로 나아감으로써 자아를 되찾을 수 있을 것이다. 또한 '타연'에서 벗어나 '자연'으로 되돌아오고, 우리의 세계와 우리의 인생은 이로 말미암아 완전히 달라질 수 있다. 우리는 잃어버린 자아를 불러올 수 있고, 나 자신에게 속한 나만의 인생의 아름다움을 되찾을 수 있다.

비록 '우리의 삶은 유한하지만' 우리의 마음속에 담긴 욕망은 결코 끝이 없다. 인생이란 이처럼 '유한함으로써 무한함을 따르는(以有涯隨無涯)' 하나의 여정이다. 찰나와 같이 짧기만 한 수십 년 인생에서 우리는 욕심을 채우려고 애쓰지만 욕심은 오히려 커져만 간다. 그렇기에 장자는 '그것은 위험하다(殆已).'라는 결론을 내리고 있다. '태(殆)'는 '붕괴', '소멸'의 의미를 담고 있는데, 이 말은 곧 인간의 존재와 처지의 커다란 어려움을 뜻한다. 인간에게 존재와 처지의 어려움이란 무엇인가? 바로 삶은 유한한 반면 세상은 복잡하다는 점과, 오로지 처해진 상황 안에서 출구를 찾을 수밖에 없다는 점, 유한한 것으로 무한함을 추구하지만 이는 굉장히 위험하다는 점 등이다. 왜 그럴까? 우리 인간의 마음속에는 원하는 것, 갖고 싶은 것, 이루고 싶은 것 등 욕심이 너무 많기 때문이다. 인간은 삶이 유한하기 때문에 하루를 마치 이틀처럼 사용한다. 한 사람은 마치 두 사람 몫을 해내려고 애쓴다. 그러니 오래 견디지 못하고 얼마 못 가서 쓰러지고 만다. 따라서 '그것은 위험하다.'라는 말의 첫 번째 의미는 '당신은 지금 불가능한 일을 해내려고 애쓰고 있다.'이다.

내려놓을 줄 알아야 스스로 더 완벽해진다

그러면 어떻게 해야 할까? 우리는 자기 자신에게 "나는 이제 필요 없어.", "나는 안 가져도 상관없어."라고 말하는 법을 배워야 한다. 돈과 명예와 권력을 "안 가져도 상관없어."라고 선언해야 한다. 사랑하는 아들딸의 성적이 1등이 아니어도 상관없고, 그래도 아이들에게 자신만의 영역을 제공할 것이며, 자녀가 1등을 함으로써 내가 존엄하고 영예로워지지 않아도 상관없다고 생각하는 법을 배워야 한다. 나는 나이면 그만이다. 평소대로 재미있게 책을 읽고 스스로 성장해 나가면 그만이다. 그렇지 않으면 자녀는 '1등을 위해 공부해야 한다.'라는 굴레 속에서 끊임없이 고통 받는다. 부모가 '자녀의 1등'이라는 집착에서 벗어날 때 자녀는 오히려 더 자유로운 분위기 속에서 공부하며, 시험에서 1등을 차지할 가능성이 높아진다. 이처럼 내려놓을 줄 아는 사람이 오히려 자기 자신을 좀 더 완벽하게 만들 수 있다.

'그것은 위험하다.'라는 말의 두 번째 의미는 '추구할 가치가 없다.'이다. 우리의 삶은 100년도 채 되지 않지만, 그 인생의 매 순간 순간은 모두 진실하다.

이 세상에는 없는 것이 없고, 무엇이든 갖고 싶다는 우리의 욕망과 집착, 탐닉을 불사를 만한 것들로 가득하다. 하지만 문제는 그것이 '가짜'라는 점이다. 마치 환상이나 신기루와 같아서 시간이 조금만 흘러도 사람들에게 까맣게 잊히고 만다. 우리는 '명'을 이해함으로써(認命) 나만의 내가 되어야 한다. 그러면 구속됨이 없이 자재(自在)하고 자득(自得)한 내가 된다. 그리고 비로소 나의 가족, 친구, 고향 사람들과 여유롭게 어울리고 만나는 여유가 생기며, 서로 광채를 발할 수 있게 된다. 나의 자유로움이 상대방의 자유로움과 이 인간 세상에서 만나고, 나의 자득이 상대방의 자득과 이 인간 세상에서 의기투합한다. 나의 '자연'이 타인의 '자연'과 이 인간 세상에서 교차한다. 이런 상태가 되어야만 우리는 비로소 따뜻한 정을 나누고 행복한 삶을 영위할 수 있다. 아름다운 우정과 도의가 이로써 실현된다.

반면 '타연'에 갇혀 있다면 인간관계는 과도하게 긴장되고 복잡해진다. 의혹은 대립과 갈등으로 발전하고, 목적을 달성하기 위해서라면 수단과 방법을 가리지 않게 된다. 이 때문에 사람들은 타락하고 인륜을 저버린다. 우리는 '자재', '자득', '자연'하기 때문에 인간 세상에서 가족, 친구들과 더욱 더 넓고 자유로운 공간을 서로에게 제공할 수 있다. 나의 참됨(眞)과 상대방의 참됨이 서로 만나야 한다. 속세의 명예와 권세는 모두 가짜인데, 이 가짜를 이용해 서로를 이용하고 가족을 팔아먹으며, 친구에게 상처를 주어서는 안 된다. 순위 경쟁이나 성적 비교도 모두 가짜이다. 인간 세상의 가장 큰 비극은 진짜를 팔아 가짜로 바꾸고, 그 가짜를 이용해 진짜를 속이는 짓이다. 마지막에 가면 인간은 왜곡되고, 만물은 변질되며, 심지어 어느 누구도 삶의 가치와 진실을 믿지 않게 된다. 결국 세상의 모든 가치는 모조리 붕괴되고 만다.

나 자신의 인생을 영위하고 나 자신의 삶의 의미를 추구해라

'유한함으로 무한함을 추구하면 위태롭다.'라는 구절에서 '위태롭다(殆)'는 붕괴되어 사라진다는 뜻이다. '진짜'는 파괴되어 '가짜'가 된다. 인생은 그렇지 않아도 짧고 고통스럽다. 그런데도 진짜가 가짜로 바뀌게 방치해야 할까? 그러므로 우리는 자신의 참모습이 거짓으로 바뀌지 않도록 잘 지켜야 한다. 노자의 말을 빌리자면, '사람은 자신이 원하는 길을 걷고 자신이 원하는 삶을 살아야' 한다. 이것이 바로 노자가 《도덕경》의 첫 부분에서 밝힌 '상도'와 '상명'의 개념으로, 이 세상에 널리 퍼진 '가도(可道)'와 '가명(可名)'이 아니다. '가도'는 '다른 사람이 원해서 내가 걷는 길'이고 '가명'은 '다른 사람이 원하여 내가 사는 삶'이다. 즉, 가도와 가명은 '타재', '타득', '타연'이라고 할 수 있다. 반면 노자가 강조하는 상도와 상명은 '자재', '자득', '자연'이다.

노자는 《도덕경》 제17장에서 '모든 백성이 자신을 자연(自然)하다고 말하는 사회'가 가장 이상적인 사회라고 묘사했다. 민주사회인 대만의 2,300만 국민 모두가 자신이 원하는 길을 걷고, 자신의 꿈꾸는 삶을 영위할 수 있다면, 그것이 바로 진정한 민주, 진정한 인권, 진정한 법치가 보장하는 인생의 아름다움이다. 그러면 정부가 아닌 국민 개개인의 삶이 좋아진다. 정치의 핵심은 정치지도자가 아닌 국민에게 있다. 마치 우리들 교원들의 사명이 학생들을 길러내는 일이듯이 대학교의 진정한 주인은 교수가 아닌 학생들이다. 교수는 단지 대학생들이 1학년에서 4학년 때까지, 대학원의 경우 1학년에서 2학년까지의 여정을 함께하는 동반자에 불과하다. 심지어 박사과정의 경우도 학생이 진정한 주인공이고 교수는 조연에 불과하다. 따라서 삶에서의 '본연(然)'은 학생 자신의 '본연'에서 나온다. 이를 실천하는 대학 총장과 교수들이야말로 제대로 된 학자다. 제대로 된 정부라면 민간이 가진 장점과 재능을 어떻게 해야 꺼낼 수 있을까를 가장 먼저 고민해야 한다. 우리의 가정도 마찬가지다. 부모는 자녀가 자신의 '본연'을 유지하며 살아갈 수 있도록 도와야 하고, 성적표에만 집착해서는 안 된다.

독자 여러분에게 한마디만 덧붙이고 싶다. 도가는 우리에게 "나는 그걸 가지지 않아도 상관없어."라고 나 자신에게 말할 수 있어야 한다고 가르친다. 굳이 욕심을 부려 손에 넣으려고 애쓰지 않는 때가 되면, 하늘은 비로소 한없이 넓어지고 우리는 더할 나위 없이 자유로워지며, '본연'이 나 자신에게서 나온다.

노자는 《도덕경》 제64장에서 생태계 환경보호와 관련하여 '만물이 스스로 그러하도록 돕고, 인위적으로 그렇게 만들지 않는다(輔萬物之自然 而不敢爲).'라고 말했다. 이는 곧 세상 만물이 원래의 자신으로 되돌아오도록 하고, 인위적인 수단으로 자연 생태계에 개입하거나 파괴함으로써 그들의 보금자리를 빼앗아서는 안 된다는 뜻이다. 오히려 인간은 만물의 영장이라는 신분으로 그들을 돕고, 그들과 공존하는 길을 모색하며, 그들의 '자연'과 아름다움을 보존해주어야 한다. 그래야만 이 세상 만물은 자신의 몸을 의탁할 자신만의 보금자리를 갖게 되고, 인간 역시 자신의 가치를 추구할 수 있다. 그렇게 된다면 우리는 도가의 지혜를 이용해 유가의 다양한 이상도 실현할 수 있다. 가령 친척은 마땅히 친척으로 대해주어야 한다는 '친친(親親)', 백성은 인(仁)으로 대해야 한다는 '인민(仁民)', 세상 만물은 사랑으로 대하며 아껴야 한다는 '애물(愛物)' 등이 그것이다. 이는 우리 인간이 마땅히 추구해야 할 길이기도 하다.

'자곤(自困)'과 '자고(自苦)'에서 벗어나
'자재', '자득'으로 가라.
'타연(他然)'에서 벗어나 '자연'으로 되돌아오라.
그러면 우리의 세상은 새롭게 바뀔 수 있다.
우리의 인생도 이로써 완전히 뒤바뀔 수 있다.

제8장
'유(有)'와 '무(無)'의 생명의 지혜

유가의 인의(仁義)와 도덕(道德)의 '유(有)'에는
반드시 도가의 '무(無)'의 지혜가 담겨있다.
내려놓는 가운데 온전함을 이루고,
우리의 '유(有)'는 비로소 제대로 된 '유'가 될 수 있으며,
우리의 좋은 면은 비로소 부정적인 면을 떨쳐낼 수 있다.

포기하는 지혜, 내려놓는 가운데 온전함을 이룬다

한(漢) 무제(武帝, 재위 B.C. 141~87)는 유가만 인정하고 나머지 사상은 탄압했다. 무제 이전, 특히 문제(文帝, 재위 B.C. 180~157)와 경제(景帝, 재위 B.C. 157~141)의 치세 때는 황로치술(黃老治術), 즉 무위자연을 강조한 도가사상을 통해 천하를 다스렸다. 춘추전국(春秋戰國, B.C. 770~221)시대의 전란으로 도탄에 빠진 백성의 삶을 어떤 식으로든 위로하고 휴식을 줄 필요성이 있었기 때문이다. 그래서 노

장사상을 통해, 특히 '하지 않으면서 하지 않음이 없다(無而爲 無不爲)'라는 이른바 '무위지치(無爲之治)'를 통해 나라의 힘을 다시 키우려고 했던 것이다. 그러다 무제 때에 이르면 대내적으로 오랜 경제 발전 정책이 성과를 거두어 백성의 삶도 상당히 안정을 되찾았다. 또한 대외적으로 강력한 흉노(匈奴) 세력의 위협에 맞서 대규모 원정을 통해 영토를 확장하는 등 한(漢) 제국의 힘을 과시할 필요가 있었다. 이 과정에서 도가의 '무위자연' 사상만으로는 이런 대업을 달성하기가 어려웠다. 유가사상은 성지인의(聖智仁義)를 강조하는 반면, 도가사상은 절성기지(絕聖棄智, 성을 끊고 지를 버리다), 절인기의(節仁棄義, 인을 끊고 의를 버리다)를 강조하기 때문이다. 물론 도가사상이 유가의 사상을 전면 부정하는 것은 아니다. 오히려 인의예지를 강조하는 유가를 향해 도가사상의 '끊고 버리는(絕棄)' 지혜를 받아들여 '내려놓고 버릴 줄 알아야 한다.'고 조언하고 있다. 그래야만 유가사상이 좀 더 완전해지고, 긍정적인 효과를 낼 수 있으며, 백성들에게 고통을 주지 않고, 자신도 과중한 부담에서 벗어날 수 있다는 의미다.

따라서 유가는 노장사상을 통해야만 원래의 이상(理想)을 펼치고 유지할 수 있다. 중국 삼국시대 위(魏)나라의 왕필(王弼, 226~249)은 《노자미지예략(老子微旨例略)》에서 '성(聖)을 끊고 난 후에야 성(聖)과 공(功)이 온전해지고(絕聖而後聖功全), 인(仁)을 버린 후에야 인(仁)과 덕(德)이 두터워진다(棄仁而後仁德厚).'라고 말했다. 따라서 '끊고 버림

(絕棄)'은 긍정적 의미의 '해소함(化解)'이다. 성인이나 지자(智者) 또는 인의의 화신이 되겠다고 집착하지 말라는 뜻이다. 즉, 우리 모두 옳을 수 있으므로 자신만 옳다는 집착을 내려놓아야만 비로소 상대방에게 받아들여질 수 있다. 자신만 옳고 남들은 모두 틀렸다는 독선적 태도로는 충분히 상대방의 반감을 사고 공격을 받을 수 있다.

모든 긍정적인 존재는
그 자체의 부정적인 속성을 동시에 지니고 있다

필자의 견해로는 유가의 뒤에는 도가가 있어야 하고 도가의 앞에는 분명히 유가가 있다고 생각한다. 유가는 강건하고 남성적이다. 사랑을 이야기하고 천리와 양심, 이상과 정의(情義)를 말한다. 또한 창의성이 풍부하다. 반면 이 모든 긍정적인 요소에는 그 자체의 부정적인 속성이 있다. 즉 자신에게 지나치게 큰 부담을 지우고, 친구에게 과도한 스트레스를 가하기 때문에 반감과 저항을 초래한다. 만약 유가가 도가의 지혜를 받아들여 '강렬한 햇빛이 만든 그림자'를 지울 수 있다면, 그 햇빛은 비로소 밝은 빛과 따뜻함을 온누리에 전달할 수 있다. 그렇지 않을 경우 햇빛은 그림자에 가려지고 만다. 이 세상에는 긍정적인 가치와 부정적인 가치가 공존하는데, 이 둘은 서로의 가치와 의미를 감소시킨다. 요즘 대만의 여당과 야당이 하고 있는 일이 바로 그것이다. 그래서 외부에서 보면 대만은 긍정적인 이미지가 부족해 보인다. 여야 모두 자신의 부정적인 그림자에 가려 보이지 않기 때문이다. 오히려 여야 모두가 긍정적인 모습을 가급적 많이 드러내 부정적인 이미지를 최소화해야 할 것이다. 역사는 결코 동일하게 반복되지 않는다. 유가사상을 완전히 폐기하고 오로지 도가만이 통치이념이 되는 시대는 상상하기 어렵다. 중국의 역대 왕조에서는 이보다 상황이 좋았을까? 하지만 필자의 생각에는, 필자가 지금 설명하고 있는 노장사상의 모든 구절의 앞뒤에는 공자와 맹자의 유가사상이 담겨 있다. 마치 노자가 말한 '도'가 '무(無)'이면서 동시에 '유(有)'인 것과 같다. 그렇기 때문에 '도는 현묘(玄妙)하다.'라고 말할 수 있다. 노자는 '무(無)'를 힘주어 강조했는데, '유(有)'를 유가에 적용해 보면 어떨까? 유가에서 말하는 인의도덕(仁義道德)의 '유(有)'에는 도가의 '무(無)'의 지혜가 반드시 담겨있다. 도가의 '무'가 담겨있기 때문에 유가의 긍정적인 면이 두드러지고 부정적인 면은 감춰진다. 스스로 이화(異化)하는 가운데 스스로를 부정(否定)한다. 이처럼 도가의 지혜를 받아들여야만 우리 인생의 아름다운 면이 드러나고 오래도록 지속될 수 있다.

노장사상의 도움이 없었다면
유가사상의 긍정적인 이상도 펼쳐질 수 없었다

《도덕경》 제38장에는 '높은 덕은 덕이 아니라서 오히려 덕이 있다(上德不德, 是以有德).'라는 매우 핵심적인 구절이 나온다.

덕을 덕으로 삼지 않는 사람이 오히려 덕이 있는 사람이라는 뜻이다. 자신의 덕을 내려놓고 자신의 덕을 없앤다. 자신의 장점을 잊어버리고 내려놓는다. 그래야만 진정한 덕이고, 진정한 장점이라는 의미이다. 만약 당신이 이런 덕과 장점을 내려놓지 않거나 없애지 않으면, 결국 가족과 친구에게는 스트레스로 작용한다. 그들은 당신을 상대하거나 받아들이기 어렵다. 왜냐하면 당신은 너무나 덕과 장점이 많은 사람이기 때문이다. 물론 어떤 사람들은 불만을 터뜨릴 수도 있다.

"경쟁이 너무 불공정해. 왜 착한 사람은 좋은 대접을 못 받지? 내 성적이 친구보다 더 높은데, 왜 나는 떨어지고 저 친구가 붙었을까?" 아마 이 사람에게는 노자와 장자의 지혜가 부족할 것이다.

필자는 세상이 불공정하고 불의(不義)한 이유를 합리적으로 설명하려는 것이 아니다. 다만 자신을 반성할 줄 알아야 한다는 점을 말하고 싶다. 세상은 불공정으로 가득하다. 그렇지만 우리는 공자와 맹자의 긍정적인 가르침이 조금이라도 더 확산될 수 있도록 희망하고 노력해야 한다. 그 뒤에는 항상 노자와 장자의 지혜가 있을 것이다. 내가 시험에서 1등을 차지했더라도 나는 1등을 했다는 점을 내려놓고 잊어야 한다. 그래야만 진정한 1등이 될 수 있다. 가령 '나는 무슨 일이 있어도 1등을 하겠어. 그리고 1등은 앞으로 영원히 내 차지야.'라고 마음먹는다면, 당신은 앞에서 언급한 '높은 덕은 덕이 아니라서 오히려 덕이 있다.'라는 가르침의 반작용에 직면하게 된다. 당신은 덕에 집착하고, 그 덕을 잃어버릴까봐 두려워하며, 매일 초조해한다. 하지만 그럴수록 당신이 본래부터 가지고 있던 덕을 잃어버린다. 도가에서는 우리에게 1등을 차지하는 것을 반대하지 않는다. 다만 '자연'의 '득(得)'을 버려야 한다고 강조한다. 그래야만 1등을 차지한 후에 그것이 마음속의 부담과 짐이 되지 않고, 타인에게도 스트레스를 주지 않기 때문이다.

스스로도 못 견딜 만큼의 큰 부담이 되어서는 안 되며, 타인의 반감을 사지도 말아야 한다. 그래야만 사람들은 당신이 1등을 차지한 사실을 당연한 일로, 긍정적인 면으로 받아들일 것이다. 그것이 진정으로 '존중' 받는 길이다. 우리가 상대를 누르고 이기기는 쉽지만, 상대방의 존중을 받기는 매우 어렵다. 진정으로 존중받고 싶다면 '내려놓는' 지혜를 갖춰야 한다. 덕을 갖추는 것으로는 부족하다. 한 걸음 더 나아가 다른 사람이 나를 존경할 수 있는 '더 큰 덕(上德)'을 갖추어야 한다.

최근 들어 필자는 노장사상 관련 책을 집필하느라 무척 바빠서 고등학교용 중국문화 기본 교과서 요강(要綱)을 논의하는 토론회에 참석하지 못했다. 그래서 필자의 견해를 표명할 기회가 없었다. 공자와 맹자는 우리의 인생에 친화적이다. 하지만 필자 생각에는 노자와 장자를 빼놓고 공자와 맹자만을 다루어서는 곤란하다고 생각한다. 《대학(大學)》과 《중용(中庸)》은 생략해도 무방하다. 왜냐하면

《대학》과 《중용》은 너무 이론적이고 심오해서 고등학생의 수준을 뛰어넘기 때문이다. 그러므로 공자와 맹자, 노자와 장자의 사상을 함께 다루어야 한다. 왜냐하면 이들 사상은 모두 수천 년에 걸친 중국의 문화와 전통으로, 유가는 긍정적으로 개척하는 지혜를, 도가는 진실하게 반성하는 가르침을 학생들에게 심어줄 수 있기 때문이다. 노자와 장자의 사상이 수천 년을 함께 이어왔다는 사실은 모든 중국인의 자부심이라고 확신한다.

유가와 도가, 함께 천하의 모든 백성을 구하다

유가는 기독교나 이슬람교의 정신과 닮았고, 도가는 불교의 정신과 유사하다. 유가에 한 가지 면만 있다면, 도가에는 두 가지 면이 동시에 있다. 더구나 중국인은 불교도 받아들여 유불도(儒佛道)를 완성했고, 명(明)대에는 이미 삼교합일(三敎合一)을 이루었다. 심지어 청대 말기에 탄생하여 1940년대에 유행했던 일관도(一貫道)는 오교합일(五敎合一)을 추구하며, 유교, 불교, 도교, 기독교, 이슬람교 교리의 통합을 시도하기도 했다. 그야말로 '나의 도는 하나로 이어져 있다(吾道一以貫之).'는 경지를 실천하려고 했던 것이다. 하지만 기독교와 이슬람교 측의 거부로 뜻을 이루지는 못했다. 따라서 굳이 '오교합일' 등을 강조하거나 여기에 집착할 필요는 없다. 단지 중국의 역사에서 도가와 유가가 나란히 함께 발전했다는 점만으로 충분하다. 필자는 공자와 맹자, 노자와 장자 이외에도 순자(荀子)와 한비자(韓非子)도 함께 논하고자 한다. 모든 지혜와 모든 이상은 객관화를 통해 검증하고 또 실행해야 한다. 사람들의 도덕적 수양과 삶에 대한 내공을 시험할 필요는 없다. 우리는 하나의 체계화된 제도를 통해 모든 사람들이 이 사회의 그룹에 잘 적응할 수 있도록 돕고, 그 시스템을 운영하고 가치를 정돈하는 과정 속에서 사람들의 능력을 발휘할 수 있도록 도와야 한다. 가령 올바른 정치체제를 마련하고 시행한다면 이 세상 모든 사람을 구할 수 있을 것이다.

인생의 존재 상황과 성장하는 과정에는 수많은 역경을 겪기 때문에 무척 괴롭고 힘들게 느껴진다. 하지만 그것이 자기 한 사람만의 고통은 아니다. 부모님의 고통이고, 배우자나 자녀의 고통이며, 친구 또는 제자의 고통이다. 이들의 고통을 지켜보면서, 우리는 자신의 체험으로부터 타인의 고통에 대해 이해하고 깨닫게 된다. 필자는 한비자에 관한 논문을 써서 박사학위를 받았다. 또한 가까운 몇 명의 친구와 함께 《어후(鵝湖)》를 창간하여 유가사상을 논하기도 했다. 지난 수십 년 동안, 대학 강단이나 민간 강연 때는 주로 노장사상을 다루었다. 그 이유는 무엇보다 유학(儒學)의 전통적인 가치관에서는 인생이 너무 괴롭지만, 노장사상의 지혜에서는 그 괴로움이 해소되기 때문이다. 우리가 아무리 학업과 일에 뜻을 두었어도 도가의 허정의 지혜로 뒷받침되어야만 어려움이 해소될 수 있다. 또한 내려놓아야만 비로소 오래 갈 수 있다. 슬픔을 너무 억눌러 비장

(悲壯)하거나, 반대로 너무 억울해 하는 사람은 오래 버틸 수 없다. 따라서 지나친 비장함이나 억울한 느낌은 반드시 피해야 한다. 남편은 너무 비장하고 아내는 억울해 하거나, 부모는 비장한데 자녀는 억울해 하거나, 중국은 비장한데 대만은 억울해 하면, 서로 어울려 화해하기 어렵다. 따라서 도가의 지혜를 배우면 우리는 비장함과 억울함으로 생기는 곤경을 피할 수 있다. 왜냐하면 비장함과 억울함의 다음 단계는 결별이기 때문이다. 중국과 대만이 지금처럼 한쪽은 비장함을 드러내고 한쪽은 억울함을 나타낸다면, 결국 결별의 수순을 밟을 수밖에 없다고 생각한다.

서로 내려놓으면 서로에게 좀 더 여유로워질 수 있다

우리가 내려놓으면 자신에게뿐만 아니라 우리의 가족도 여유로울 수 있다. 필자는 현대인인 삶이 얼마나 괴로운지 절실히 체험했을 뿐만 아니라 주변의 사람들의 고통과 번민을 유심히 관찰하면서 그들과 깊이 공감할 수 있었다. 필자는 고전을 강의하는 학자 신분이므로 현대와 현대인의 삶에 초점을 맞추었기 때문에 고전을 현대에 맞게 효과적으로 재해석할 수 있었다. 만약 그렇게 하지 않았다면 고전의 구절에만 집착하고 해석에만 몰두했을지 모른다. 하지만 실제로 '도'는 우리를 '낳아서 기르는(生成)' 원리다. 인간의 유한함과 인간 세상의 복잡함을 끊어내야만 비로소 자신의 일생을 잘 키울 수 있다.

우리가 《장자》를 읽으면 분명 장자를 뛰어넘을 수 있을 것이다. 왜냐하면 우리는 장자가 경험하지 못한 이후 왕조의 교체와 현대의 시국을 경험했기 때문이다. 이는 장자의 삶 바깥의 일이다. 장자의 저서는 오늘날까지 수천 년을 이어오면서 모든 세대에서 합리적이고 적절하게 해석되었다. 처음 《장자》를 읽으면 문장을 해석하는 것 자체가 최대의 난제이다. 하지만 여러 번 정독하면 어느 날 갑자기 그 책에 담긴 흐름과 구조가 보이면서 깨달음의 순간이 찾아온다. 갑자기 사방이 환해지고, 더 이상 어둡지 않으며, 찬란한 햇빛이 자신의 삶을 비추는 느낌을 받게 된다. 마치 '즐거움으로써 근심을 잊었다(樂以忘憂).'라는 공자의 말과 같다. 물론 여기에서 '즐거움'이란, 단순한 쾌락이 아니라 '무언가를 이루고 난 후 얻은 삶의 아름다움에 대한 느낌'을 뜻한다. 그런 성취감과 아름다움 때문에 우리는 삶의 유한함과 세상의 복잡함, 여기에서 생긴 상실감과 좌절을 내려놓고 떨쳐낼 수 있다.

고전을 통해 삶의 대화를 나눈다

이제 마지막 한마디를 덧붙이고 이 책을 끝맺으려고 한다. '고전을 읽는 일은 매우 가치 있다.'

우리 모두는 고전을 읽음으로써 세계관과 인생관을 갖추고, 세계와 인생을 바라본다. 만약 그런 세계관과 인생관을 갖추지 못했다면 이 세상을 어떻게 살아갈 생각인가?

우리가 이 세상에 태어나 살아가면서 만나는 그 모든 인간의 문제는 어디에 있고, 이 세상의 문제는 또 어디에 있는가? 그 문제를 해결할 수 있는 키워드는 어디에서 찾아야 하는가? 바로 가장 높은 차원의 '인문적 마음'에서 찾아야 한다. 따라서 대학마다 개설된 인문학은 매우 중요하다. 비록 비인기 학문인 철학과, 국문과, 역사학과, 미술학과, 음악과 등의 인문학 분야는 실용성과는 거리가 멀어 보이지만, 바람직한 인생을 살아가는가의 여부는 이 인문학을 공부했느냐에 따라 결정된다. 자연과학이나 사회과학은 결코 우리의 삶의 질과 바람직한 삶을 보장해 주지 않는다. 인생의 방향을 제시하고, 삶에 활력을 불어넣어 주며, 삶의 아름다움을 느끼게 해 주는 것은 바로 '인문적 마음'이다. 고전은 수천 년의 역사를 관통하며 모든 세대의 사람들이 즐겨 읽었다. 그래서 문화와 전통에서의 가치 기준이자, 행위의 모델이 되었다. 그리고 고전을 통해 삶의 대화를 나눌 수 있다. 서로를 이해하고 공감하는 과정에서 서로 밝은 빛을 발산할 수 있을 것이다.

'강렬한 햇빛이 만든 그림자'를 지울 수 있다면,
그 햇빛은 비로소 밝은 빛과 따뜻함을
온누리에 전달할 수 있다.
그렇지 않을 경우 햇빛은 그림자에 가려지고 만다.

장자우언 해설
카페에서 만난 장자

2017. 5. 12. 1판 1쇄 인쇄
2017. 5. 19. 1판 1쇄 발행

지은이 │ 왕방웅
옮긴이 │ 권용중
펴낸이 │ 이종춘
펴낸곳 │ **BM** 주식회사 성안당
주소 │ 04032 서울시 마포구 양화로 127 첨단빌딩 5층(출판기획 R&D 센터)
        10881 경기도 파주시 문발로 112 출판문화정보산업단지(제작 및 물류)
전화 │ 02) 3142-0036
        031) 950-6300
팩스 │ 031) 955-0510
등록 │ 1973. 2. 1. 제406-2005-000046호
출판사 홈페이지 │ **www.cyber.co.kr**
ISBN │ 978-89-315-8094-5 (03100)
정가 │ **14,000원**

이 책을 만든 사람들
책임 │ 최옥현
진행 │ 박종훈
교정·교열 │ 안혜희
본문 디자인 │ 앤미디어
표지 디자인 │ 박원석
홍보 │ 박연주
국제부 │ 이선민, 조혜란, 김해영, 고운채, 김필호
마케팅 │ 구본철, 차정욱, 나진호, 이동후, 강호묵
제작 │ 김유석

■ **도서 A/S 안내**

성안당에서 발행하는 모든 도서는 저자와 출판사, 그리고 독자가 함께 만들어 나갑니다.
좋은 책을 펴내기 위해 많은 노력을 기울이고 있습니다. 혹시라도 내용상의 오류나 오탈자 등이
발견되면 "좋은 책은 나라의 보배"로서 우리 모두가 함께 만들어 간다는 마음으로 연락주시기
바랍니다. 수정 보완하여 더 나은 책이 되도록 최선을 다하겠습니다.
성안당은 늘 독자 여러분들의 소중한 의견을 기다리고 있습니다. 좋은 의견을 보내주시는 분께는
성안당 쇼핑몰의 포인트(3,000포인트)를 적립해 드립니다.
잘못 만들어진 책이나 부록 등이 파손된 경우에는 교환해 드립니다.